EL OCTAVO SECRETO

YLDEFONSO LÓPEZ

ISBN 979-8-9892454-0-6

Instagram: lopezyldefonso
Facebook: vengovirao
Correo electrónico: lopezyldefonso@gmail.com
Teléfono: (787) 615-1900

Equipo de autopublicación:
Programa Emprende Con Tu Libro

Mentoría en autopublicación estratégica y gerencia editorial:
Anita Paniagua
www.emprendecontulibro.net

Edición y corrección: Mariangely Núñez-Fidalgo
arbola.editores@gmail.com

Diseño gráfico y portada: Amanda Jusino
www.amandajusino.com

Fotografía de la autora: Raúl Romero
raulromerophotographypr@gmail.com

EL OCTAV8 SECRET8

El último eslabón
para revelar tu felicidad

YLDEFONSO LÓPEZ

Elogios para

EL OCTAVO SECRETO

·∞·

El octavo secreto no es un libro más de autoayuda sobre la felicidad, es un paseo literario refrescante y completo para descubrirnos a través de la constante invitación a la reflexión: una que genere el autoconocimiento, que nos acerque a la felicidad que tanto añoramos y que tan poco comprendemos.

Sin duda, lo que distingue entre muchas cosas el libro, es que además de toda la valiosa información que brinda en su narración, en cada capítulo integra ejercicios para que apliquemos los principios y «secretos» de la felicidad. La obra nos confronta con nuestras propias creencias y nos invita activamente a ponerlas a prueba a través de la autorreflexión.

Les aseguro que habrá pasajes, ejercicios y frases que resonarán con cada uno. Yo me quedo con esta que, como diría Papabuelo, «en mi hoy» encierra una gran verdad: *«Nadie puede ser feliz en el pasado y nadie puede ser feliz en el futuro»*. Gracias, Ylde, por mostrarme un nuevo camino hacia la felicidad.

–Yadira Pizarro-Quiles
directora ejecutiva ESCAPE

Al acabar de leer un libro, siempre me pregunto si valió la pena. Lo cierto es que todos, en algún momento, nos hemos preguntado si somos felices y, probablemente, hemos despachado la respuesta luego de ponderarla por apenas unos segundos. Papabuelo, el personaje principal de la historia presenta su sabiduría de manera sencilla, nos invita a tomar el primer paso para encontrar la respuesta y trazar la ruta para trabajar en nuestra felicidad.

Si de verdad te apasiona vivir y no quieres tener de qué lamentarte al final del camino, te invito a que la leas. El trabajo realmente comienza al pasar la última página... Quizás *El octavo secreto* nos ayude a convertirnos en el Papabuelo de un ser querido.

–Dr. Iván C. López Morales

Gracias por el privilegio de leerte y agradecerte que, desde la fantasía, creatividad e imaginación de una novela, hayas reunido elementos cruciales para apoyar en nuestro deseo de ser felices.

Desde el autodescubrimiento y la autoexploración, identificamos factores claves que nos acercan a comprometernos con nuestro «yo». Esos elementos nos ofrecen el espacio para crear consciencia de uno mismo.

Le garantizo a cada lector que no será en vano el tiempo que invierta en vivir esta experiencia.

–Agnes R. Torres, PCC

DEDICATORIA

Para Meme, Claudia e Ylde,
porque son la fuerza que me impulsa cada día...
Y para Mami, Papi y mi hermano Iván,
porque con ellos aprendí a ser feliz.

TABLA DE CONTENIDO

·∞·

GRACIAS, 1

Nunca es muy tarde para ser la persona

que pudiste haber sido, 7

La escapada, 15

De regreso al encierro, 23

El tesoro, 31

PRIMER SECRETO, 41
Sé agradecido

SEGUNDO SECRETO, 59
No eres eterno

TERCER SECRETO, 79
Perdona

CUARTO SECRETO, 95
Conócete a ti mismo, sé congruente y no te compares

QUINTO SECRETO, 121
Vive el presente

SEXTO SECRETO, 139
Acumula experiencias y pensamientos positivos

SÉPTIMO SECRETO, 153
Cultiva relaciones saludables y evita las personas tóxicas

EL OCTAVO SECRETO, 171

Sobre el autor, 181

Bibliografía, 183

GRACIAS

De todos los secretos que comparto en este libro, es tal vez el ser agradecido el que más practico todos los días.

Soy consciente de que tuve una niñez y una adolescencia privilegiadas, producto de unos progenitores ejemplares que lograron crear un entorno familiar envidiable; un hogar donde no sobraba (ni hacía falta) el dinero, los lujos, ni las grandes posesiones materiales, pero sí el amor, la empatía, el apoyo incondicional y, sobre todo, el buen ejemplo y los valores. Esa herencia la comparto con mi hermano Iván quien, junto a mis padres, forma parte de ese sólido e inquebrantable núcleo familiar que me permitió entender desde niño lo que es ser verdaderamente feliz. Ese legado perdura hasta el día de hoy y, tanto Iván como yo, estamos encargados de perpetuarlo. Por eso, al escribir estas líneas, debo comenzar en orden cronológico, agradeciéndole al Creador el haberme ubicado ahí, en ese lugar tan especial.

Gracias Mami y Papi, por el ejemplo y las memorias; gracias, Iván, por ser el mejor hermano que alguien pudiera tener y acompañarme en el camino de la felicidad por casi seis décadas. Gracias por traer a mi vida a mis sobrinos/ahijados, Daniela e Iván y a mi querida cuñada, Sheyla, porque ellos también son parte esencial de mi felicidad.

Mi familia es muy pequeña porque Papi era hijo único y Mami solo tuvo dos hermanas, una de las cuales nunca se casó ni tuvo hijos: Titi Cachi. Ella se dedicó a vivir la vida con pasión y viajó el mundo entero mientras trabajaba con Eastern Airlines. Fue la tía *alcahueta* más espectacular del mundo y nos dejaba hacer lo que nuestras madres no nos permitían. Además, con el tiempo se convirtió en una «tía abuela» de ensueño porque pudo replicar por un tiempo sus alcahueterías con mi hija y las hijas de mis primos hermanos. Mi otra tía, Titi Zayda, mientras su salud se lo permitió, también fue una gran tía para mí. Era muy distinta a Titi Cachi. Ser madre de cuatro hijos varones la obligaba a tener mano firme, desde el punto de la disciplina. En ese sentido, era la que nos «ponía vergüenza», al mismo tiempo que nos amaba y cuidaba, mientras nos deleitaba con sus habilidades culinarias. Titi Zayda supo balancear con maestría ambas facetas. Junto a mi amado tío/padrino, Tío Eddie, gestionó, en horas de la noche/madrugada, la visita urgente de un sacerdote al Hospital Presbiteriano, cuando mi vida peligraba a tres días de haber nacido, cuando fui contagiado con meningitis. Tío Eddie, con quien hasta el día de hoy comparto grandes tertulias sobre la vida, es mi segundo padre y parte esencial del clima de felicidad que viví cuando niño. Son interminables las historias que tengo para contar de mi niñez junto a mis padres, mi hermano, mis tíos y mis primos Eddie, José, Javier y Joaquín, quienes más que primos son mis hermanos. Ese vínculo tan sólido, lo crearon mis padres y mis tíos con el transcurso de los años. Vivo agradecido por eso porque sé lo que vale y lo que ha significado en mi vida.

Cuando me tocó formar mi propia familia, tuve la enorme bendición de unirme a una mujer extraordinaria, a quien conocí en un viaje estudiantil en el año 1985: Meme. Ha sido mi apoyo durante casi 35 años y es el eje sobre el cual gira nuestro núcleo familiar. Junto a mis dos hijos, Claudia e Ylde Jr., he tratado de emular a mis padres y crear un ambiente similar al que yo viví. Por supuesto, yo no soy mis padres y ellos no son yo; los tiempos cambian, la vida se complica y las distracciones son más abundantes, pero me parece que lo logramos. Hemos tenido una preciosa vida juntos y hacer mi parte para procurar la felicidad para ellos tres es lo que me guía, me motiva, me fortalece y algo que siempre he tenido como Norte. Ha sido una verdadera aventura y, ocasionalmente, una montaña rusa de emociones y experiencias, pero las hemos disfrutado. A Meme, Claudia e Ylde, gracias por su amor; por ser y estar siempre...

en las buenas y las no tan buenas. De igual modo, y esto va a sonar raro, agradezco a Dios por haber traído a la vida de mi hija a mi yerno, José, quien se ha ganado el título de «hijo».

Un libro no se escribe (y mucho menos se publica) solo. Por eso, tengo que agradecer al equipo de Emprende Con Tu Libro compuesto por Anita Paniagua, Mariangely Núñez Fidalgo y Amanda Jusino, por aceptar acompañarme nuevamente, esta vez con un calendario apretado. Sin sus ideas, consejos y paciencia, este libro no sería lo que es.

A mi asistente, Marisol Velázquez, quien «entre col y col», sin abandonar sus otras tareas como secretaria legal, me ayudó con la transcripción del libro y con sus observaciones sobre su contenido.

A todas las personas que durante los pasados cuatro años me han seguido en las redes sociales; las que leen y comentan mis artículos publicados en el periódico El Vocero; y aquellas que, consistentemente, asisten a mis conferencias; las que me dicen «vengovira'o» o «un día menos» cuando me ven en la calle; y a las que me escriben mensajes dejándome saber que el libro o algo que dije en un vídeo les caló profundo, va mi más sincero agradecimiento. Sepan que sus palabras me impulsan y reafirman mi compromiso con ustedes.

A mis «coachees», con quienes aprendo y crezco como «coach» y como ser humano, mientras los acompaño en sus procesos; y a mi querida profesora, Agnes Torres, por «reclutarme» para la certificación de «Coaching», por las enseñanzas dentro y fuera del salón de clases y por su empeño en transmitirme su conocimiento.

Finalmente, a Dios, porque en los momentos más difíciles y complicados de mi vida es cuando más siento su presencia.

GRACIAS,

YLDE

————·∞·————

NUNCA ES MUY TARDE PARA SER LA PERSONA QUE PUDISTE HABER SIDO

·∞·

Al momento de escribir estas líneas, han pasado casi cuatro años desde la publicación de mi primera novela *Un día menos*, la cual, en menos de un día, se convirtió en un *bestseller* en Amazon. Cuando comencé a escribirla, nunca imaginé el enorme impacto que tendría en mi vida. La escribí porque llevaba años dedicando tiempo a cultivar mi espiritualidad y a mi «Yo» interno y pensé que tenía que compartir con el mundo mis ideas de una manera distinta y en mi estilo particular. Contar historias de una manera entretenida es algo que se me da sin mucho esfuerzo. Sin embargo, decidí no conformarme con lo que me resulta fácil. Por eso, llevo años estudiando el tema para pulir mis destrezas como «contador de historias» porque pienso que es una manera más efectiva de comunicar y, sobre todo, de asegurarse de que el mensaje llegue al lector y permanezca en su mente y subconsciente.

Un día menos me llevó a un universo desconocido para mí. En estos pasados cuatro años, he tenido la oportunidad de compartir el mensaje principal del libro en múltiples foros, he expuesto sobre el tema en diversas organizaciones profesionales, en empresas locales y multinacionales, Fortune 500, así como en grupos privados de lectura (los llamados «book clubs»). Sin embargo, más importante para mí es el hecho de que prácticamente todas las semanas, alguien que no conozco me mira y me dice algo así como: «¡Recuerda que hoy es un día menos!», haciéndome saber que ha leído el libro y está aplicando sus lecciones. De igual modo, con frecuencia leo «posts» en las redes sociales que se refieren al mensaje del libro: «Como diría Ylde: recuerda que es un día menos». No puedo negar que me llena de satisfacción saber que mi libro ha influenciado y ha sido valioso para muchas personas en y fuera de Puerto Rico, a pesar de que su desarrollo fue uno bastante «orgánico».

Los personajes principales, la protagonista, Juliana Guevara, y el querido Papabuelo ya forman parte de mi vida diaria. Cientos de personas me envían fotos de atardeceres como los que le gustaban a Papabuelo. También me indican que ven con distintos ojos a las llamadas «licrosas», después de la gran controversia que provocó el tema en la novela. De igual modo, muchas mujeres me hablan de la similitud de sus vidas con la de Juliana, mayormente, refiriéndose a las dificultades que encontraron en su carrera profesional por el mero hecho de ser mujeres. Para muchas, según me han dicho, Juliana es una inspiración para seguir adelante y enfrentar esos obstáculos con dignidad y valentía. Crear consciencia sobre el discrimen en contra de la mujer y la desigualdad salarial es parte del mensaje que intereso continuar discutiendo de cara al sol. Como hijo, esposo, amigo y padre de mujeres profesionales brillantes, tengo que alzar mi voz ante algo injustificable que es imprescindible erradicar de nuestra sociedad, ahora.

Aunque este libro es independiente al anterior y, definitivamente, no es una secuela, decidí incorporar algunos personajes a este proyecto. Inicialmente, me rehusé a ponerle una etiqueta en cuanto a qué género pertenece, pero la realidad es que terminó siendo otra novela. Ahora, ¿es un libro de autoayuda?, ¿es un libro de «coaching»?, ¿es un libro de historias cortas? Sencillamente, me rehúso a encajarlo dentro de un género específico. **Será lo que cada lector decida que es para sí mismo. Lo importante es que el libro cale en el alma del lector y se inserte como parte de la filosofía de vida de cada cual, por supuesto, cada uno lo adaptará a su manera, según su realidad particular.**

Muchas cosas han pasado en mi vida desde que escribí *Un día menos*. En enero del año 2020, justo antes de la pandemia, completé mi certificación como «coach», junto a un grupo extraordinario de mujeres profesionales con vasta experiencia en el mundo de los recursos humanos.

Fue un proceso enriquecedor durante el cual, quizás de una manera más dramática que el resto de mis compañeras, «tuve que desaprender para aprender». Confieso que la experiencia fue muy distinta a lo que esperaba cuando acepté registrarme porque, al igual que la mayoría de las personas que conozco, tenía en mi mente un concepto equivocado de lo que es «coaching».

Más adelante, en el año 2021, me certifiqué como «happiness coach», de manera virtual, con una organización con base en Mumbai, India. Fueron ocho semanas intensas de trabajo. Para comenzar, debido a la diferencia de horarios, el curso lo tomé durante ocho viernes consecutivos, comenzando a las 10:00 p. m. y terminando a la 1:00 a. m. Sí, tres horas completas con un breve receso de diez minutos como a las 11:30 p. m. Además de las horas lectivas, había múltiples asignaciones y ejercicios para hacer diariamente. Finalmente, para ser certificado, tuve que organizar y grabar una sesión de «happiness coaching» en la que participaron ocho personas, cuidadosamente seleccionadas por mí. Esa grabación fue sometida para evaluación y, después de aprobada en Mumbai, fui oficialmente certificado. Me disfruté tanto el proceso y obtuve tanto conocimiento que, durante los meses de febrero y marzo del año 2022, lancé un curso virtual que se llamó «The Happiness Challenge», para el cual se registraron cientos de personas y fue muy exitoso. Digo que fue exitoso porque las evaluaciones al final del curso, así como los comentarios de los participantes, me lo dejaron saber. Además, muchos me preguntan por la segunda parte.

También durante la pandemia, comencé a trazar la ruta de lo que sería mi segundo libro. Fue en ese momento, al comenzar a darle forma a mis ideas, cuando me percaté de que era lo natural rescatar algo de los personajes principales de Un día menos para contar la historia de este nuevo trabajo.

Con este libro pretendo compartir mis ideas para alcanzar algo que todo ser humano anhela: una vida feliz. Sin embargo, para lograr eso, primero hay que entender qué es, realmente, la felicidad. Todos queremos ser felices, pero no sabemos cómo se logra porque nadie nos lo enseñó, por eso nos cuesta trabajo definir la felicidad. Tampoco nos dijeron que ser feliz es una decisión y que hay que trabajar todos los días para lograrla. Nuestra mente no está programada para que seamos felices, de hecho, todo lo contrario. Nuestra mente, que puede ser nuestra mejor aliada, también suele ser, si se le permite, nuestra peor enemiga, la saboteadora de nuestros sueños y destructora de nuestra autoestima. Tanto es así que, por décadas, nos hemos tragado (y hemos repetido como el papagayo) la famosa expresión de Don José Ortega y Gasset: «Yo soy yo y mis circunstancias», sin darle mucho pensamiento. Sin faltarle el respeto a Don José, pienso que ese pensamiento ha servido a muchos de excusa para sus carencias y sus fracasos. Sin embargo, hoy, estudios científicos revelan que las llamadas «circunstancias» solo componen alrededor del 10% de los factores que intervienen en tu capacidad de ser feliz. Los otros dos, que constituyen el 90%, son tu genética (50%) y tus actos intencionales (40%). Obviamente, estos porcientos no son absolutos, pero derrotan la teoría de que *somos nosotros y nuestras circunstancias*, al menos para los efectos de ser o no una persona feliz.

Es por eso por lo que no basta con desear ser feliz. **La felicidad es un asunto muy serio y hay que trabajarla con intención.** Este libro pretende ayudarte a entender de qué se trata el ser feliz y aprender a serlo de manera sostenida, teniendo claro que **felicidad no es lo mismo que momentos de alegría, aunque los segundos son indispensables para lograr la primera.**

Gracias por permitirme entrar en tu vida y acompañarte en esta hermosa travesía. Te aseguro que cuando termines de leer este libro, si aplicas las enseñanzas y pones en práctica las técnicas compartidas, no serás la misma persona que comenzó a leerlo… por más dura y complicada que sea o haya sido tu vida, inevitablemente, estarás encaminado a ser verdaderamente feliz. Nunca es muy tarde para ser la persona que pudiste haber sido.

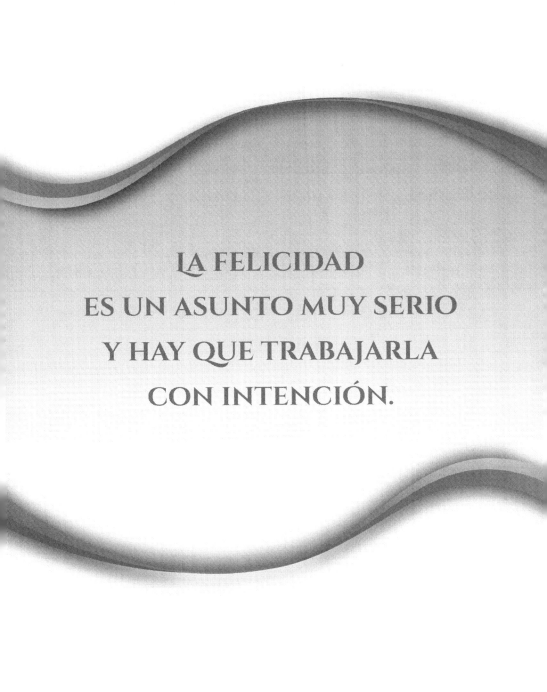

LA FELICIDAD
ES UN ASUNTO MUY SERIO
Y HAY QUE TRABAJARLA
CON INTENCIÓN.

LA ESCAPADA

—¡Nooo! No puede ser. ¡Dígame que no es verdad! –gritó desconcertada Juliana al recibir la noticia, mientras se desplomaba frente a la recepcionista. Fue un alarido desgarrador, proveniente de lo más profundo de su ser, que llamó la atención de todos los clientes y empleados del resort.

—Lo siento, Juliana... –dijo la recepcionista en tono solemne–. Ocurrió el pasado martes.

«Si solo supiera que Camila está junto a mí en esta dimensión donde todo es hermoso y desde donde podemos observar las cosas desde otra perspectiva, sin emitir juicios. Algún día entenderá que todavía estamos a su lado y que permaneceremos allí, mientras ella nos recuerde con amor.

Cuando empecemos a entender que la muerte no es el final, dejaremos de sufrir tanto al enfrentarnos a esa transición inevitable. Somos energía que se transforma y solo ocupamos nuestros cuerpos por un corto tiempo, que es totalmente insignificante ante la enormidad del Universo. ¡Qué son 90 años en una historia de decenas de miles de años? Hay que aceptar que es la muerte —y el pago de impuestos— lo único seguro en la vida... Jaaaa ja ja jja!

Me entristece ver a mi nieta así. Desde acá me doy cuenta de que Juliana, nuevamente, se encuentra envuelta en las tinieblas, aunque reconozco que es una situación exacerbada por la pandemia y su encierro involuntario. Esa parte la entiendo perfectamente. Lo que me preocupa es que ahora mismo no sabe en qué dirección caminar, a pesar de que me consta que siempre recuerda lo que muchas veces le repetí, cuando compartimos en el plano terrenal: "No existe oscuridad que pueda apagar la luz de una vela". La realidad es que, por más que intenta, se le hace imposible identificar esa luz en el camino».

Cuando Juliana llegó al Magic Sunset Eco Boutique Hotel, donde había ido a buscar la manera de reenfocarse y reencontrarse, se topó con la noticia de que Camila, la dueña del lugar, su confidente y gran amiga, había fallecido apaciblemente mientras dormía, hacía escasamente una semana... Un balde de agua helada es poco comparado con lo que sintió al recibir la noticia y, en ese mismo momento, lamentó su decisión de presentarse al hotel sin avisar para sorprender a aquella mujer que tanto le había ayudado desde su primer encuentro. Sintió que el Universo le había robado a la única persona que ella consideraba que la escuchaba sin juzgar; la única persona que, luego de la partida de Papabuelo, hubiese podido ser capaz de convertirse en ese faro que la guiara a puerto seguro. Es que, con el paso de los años, Camila se había convertido, sin planificarlo, en su «coach» de vida.

Con todo lo que ha ocurrido en mi vida y lo que he superado, no puedo entender cómo es posible que todavía me encuentre divagando entre lo que soy y lo que quiero ser; entre donde estoy y donde quiero estar, pensó Juliana mientras preparaba su maleta de mano para regresar a su hogar, luego de dos noches que, aunque de mucha introspección, no resultaron ser lo que esperaba. La ausencia de Camila cambió todo. Aunque su esencia estaba esparcida por todo el resort, eran su capacidad de escucharla sin interrumpirla y aquellos silencios reflexivos lo que Juliana había ido a buscar.

Al enterarse de la muerte de Camila, pensó regresar inmediatamente, pero ya era tarde y el viaje, aunque hermoso, era muy largo y algo peligroso. Además, era el único lugar al que se pudo «escapar» debido a las restricciones impuestas por el gobierno. Sin embargo, optó por aprovechar al máximo el tiempo y, al percatarse de que se acercaba la hora crepuscular, recordó a Papabuelo...

«¡Claro! Por supuesto que se acordó de mí, si todo el mundo sabe que soy inolvidable, ¡Jaaaaa!».

...y concluyó que, si se apresuraba, tendría la oportunidad de contemplar un hermoso atardecer. Al llegar a la habitación que le fue asignada, la número siete, simplemente se quitó los zapatos y comenzó a correr descalza por los mismos senderos verdes que recorrió con Camila unos años antes.

«Que a nadie se le ocurra pensar que esto fue casualidad. La número siete era mi habitación favorita».

Recordó cómo ella le había explicado que el andar descalza y estar en contacto con la tierra, le permitía conectarse con la Pachamama, la deidad quechua que hace posible la vida y promueve la fertilidad. Sin detenerse un segundo, avanzó por las veredas que la llevaron al punto más alto del resort. Era un lugar conocido y recordado por Juliana, pues había estado allí con Camila en su primera visita. Desde allí pudo presenciar y disfrutar del maravilloso espectáculo multicolor que le regalaba la naturaleza. Tonos de naranja, violeta, y fucsia le obsequiaban a Juliana un atardecer digno de la realeza. Para añadir a la magia del momento, unas exiguas nubes blancas, junto a otras grises, se encargaron de ubicarse estratégicamente, de tal modo que, sin interrumpir el espectáculo de luces, complementaban aquel crepúsculo de ensueño. Juliana quedó hipnotizada.

«...y, por supuesto, no pudo evitar pensar en mí... después de todo, fui quien le enseñó a disfrutar los atardeceres. Tengo que admitir que, desde acá, es uno de los más hermosos que he visto».

Para coronar el evento, aquellas nubes esporádicas la bautizaron con un ligero aguacero que, a su vez, produjo un hermoso arcoíris. Juliana no trató de escapar de la lluvia. Por el contrario, bailó debajo de ella mientras reía... tal y como Camila le había enseñado.

Recordó las palabras de Papabuelo: *«Cuando no encuentres la luz que tanto buscas, entenderás que no hay razón para buscarla afuera: la luz la llevas dentro de ti. Sé tú la luz que ilumine a todos en medio de la oscuridad».* Con ese pensamiento en mente llegó a su habitación y durmió hasta el otro día.

Bastó con que se asomara la aurora para que Juliana abriera sus ojos. Ciertamente, las cosas no resultaron como las imaginó, pero regresaría a su casa algo refrescada y con más claridad mental. Sabía que tenía un largo trecho por recorrer si quería moverse de su estado actual al que deseaba alcanzar. Tenía mucho trabajo por delante y no lograba ver el camino.

Ya veo lo real que es lo que decía aquel poema de Machado: «No hay camino...». Tendré que construirlo andando... «Golpe a golpe y verso a verso», pensó Juliana mientras regresaba a su realidad.

«¡Así me gusta, Julianita! Demuestra que no fue en vano todo lo que compartimos. Enséñale a tu Papabuelo que eres la mujer más completa, digna y exitosa que puedes ser. Aunque no lo sepas, yo estaré contigo durante todo ese camino que vas a construir andando».

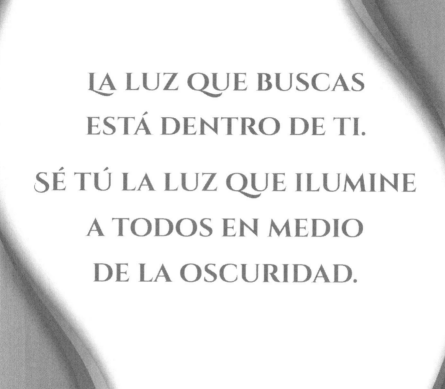

LA LUZ QUE BUSCAS
ESTÁ DENTRO DE TI.

SÉ TÚ LA LUZ QUE ILUMINE
A TODOS EN MEDIO
DE LA OSCURIDAD.

DE REGRESO AL ENCIERRO

Juliana salió de la habitación que había convertido en oficina desde que el gobierno había decretado el cierre de todo, en marzo del 2020. Había sido un día largo y tedioso, pero de mucho provecho. Sin embargo, sintió que algo raro ocurría. Inmediatamente, su esposo, Fabián, le confirmó que Adriana estaba encerrada en su habitación y que se rehusaba a salir o a permitirle que entrara. Con excepción a la solitaria y sigilosa escapada de Juliana al resort, llevaban dos meses sin salir de la casa por órdenes del gobierno. La pandemia del COVID-19 había trastocado de manera particular la vida de Adriana de un día para otro, sin avisar. Sus clases, sus partidos de fútbol, su recién comenzada vida social y hasta su graduación de octavo grado se vieron alteradas súbitamente. Para una joven de 13 años, a quien la vida le sonreía por todos lados, el COVID le había sacado la alfombra de debajo de los pies y le había dado un giro dramático.

En realidad, su llamado «encierro» no había sido tan terrible. Sus padres, Juliana y Fabián, se habían encargado de hacerle la vida lo más cómoda posible porque entendían lo difícil que sería manejar una preadolescente, mientras acababa su curso escolar por medio de una plataforma digital que ni sabía que existía. Para eso, se aseguraron de comprarle una «laptop», último modelo, una silla ergonómica, bocinas nuevas y auriculares de última generación. Además, pagaron por una mejora significativa al servicio de internet que tenían en su residencia, de modo que todos pudieran utilizarlo sin afectar las necesidades de cada cual. Adriana había tenido todas las herramientas a su alcance para completar su semestre con el mismo nivel de excelencia que había comenzado su año escolar. Era una joven extremadamente afortunada, pero las grandes limitaciones provocadas por la pandemia le impedían darse cuenta de su situación privilegiada. Ofuscada con las restricciones que limitaban su preciada libertad, había sido incapaz de mirar para el lado y percatarse de que no todos sus compañeros estaban en su misma posición. Ello, a pesar de que sabía muy bien que varios de ellos ni siquiera tenían servicio de internet en sus casas. Aquella frase que se popularizó durante los primeros días de la pandemia: «Todos estamos en el mismo barco» se hizo obsoleta y hasta ridícula y cruel, ante la dura realidad que vivían muchas personas. De hecho, en una ocasión Adriana tuvo la osadía de expresarlo ante un grupo de sus compañeros, mientras tomaban una clase virtual. Al escucharla, Paola, su mejor amiga, quien había perdido a su madre no hacía mucho tiempo, la interrumpió para decirle: «No, Adriana, no estamos todos en el mismo barco; estamos en el mismo mar. Pero… algunos van en yates, otros en botes y canoas, y hay otros que van nadando. No te atrevas a repetir esa tontería. Demuestra un poco de empatía, por favor». Adriana se dio cuenta de su falta de sensibilidad y se excusó inmediatamente con el grupo.

Finalizado el semestre escolar y con él las clases, los proyectos y las asignaciones, Adriana tuvo que conformarse con una graduación de octavo grado en modalidad virtual, por la misma plataforma que utilizaron para completar el semestre. Aunque fue mejor que nada, ciertamente se quedó muy corta de las expectativas que ella y sus compañeros tenían, sobre todo, aquellos que, como ella, la *valedictorian* de la clase y cocapitana del equipo de fútbol del colegio, serían premiados frente a sus compañeros y sus padres. Absolutamente todo era distinto y Juliana lo entendía a la perfección.

–Hola Adriana, es mami. Abre la puerta, por favor. Quiero hablar contigo. –Luego de un silencio sepulcral de casi un minuto, una llorosa Adriana abrió la puerta y regresó a su cama, tirándose boca abajo y enterrando su cabeza en la almohada.

—Mamita, ¿qué te pasa? –le dijo Juliana mientras pasaba su mano por la larga y despeinada cabellera de su hija. Sin embargo, no recibió respuesta y decidió permanecer en silencio. De todos modos, ya se imaginaba lo que ocurría: las restricciones impuestas por motivo de la pandemia y el desesperante encierro de más de dos meses habían quebrado el espíritu libre de su hija. Decidió dejarla sola en su cama y posponer la conversación para el otro día.

Se encontró con Fabián en la terraza, donde este la esperaba, como ya era costumbre, para conversar sobre sus respectivos días y, en esta ocasión, sobre el preocupante estado emocional de Adriana. Conversaron por varias horas, hasta que ambos cayeron en los brazos de Morfeo, sin percatarse de que su hija seguía despierta y llorosa en su habitación.

Sorpresivamente, tan solo seis horas después de la media noche, un destello dorado, escapado de los primeros rayos del sol, se coló en la habitación de Adriana y la despertó. De manera casi mágica, la joven se levantó de su cama con ánimos renovados, lista para atacar el día y poner en acción el plan que ideó en una larga noche de lágrimas y lamentos, durante la cual casi no pudo conciliar el sueño. Tan pronto salió de la cama, decidió invadir la de sus padres y colarse entre las sábanas para despertarlos como solía hacerlo cuando era pequeña. Aunque sorprendidos, ambos celebraron la inesperada visita porque les mostraba una

Adriana recuperada emocionalmente y de vuelta a su usual estado jovial.

–¡Tengo un plan! –exclamó Adriana, emocionada, en un tono mucho más elevado de lo que los recién despertados tímpanos de sus padres estaban preparados para asimilar a esa hora de la mañana.

–Voy a bajar al sótano para rebuscar entre todas las cosas de Papabuelo.

–¿Por qué vas a hacer eso, Adri? Digo, no veo nada malo, pero ¿por qué precisamente hoy? –dijo Juliana

–¿Por qué no? –preguntó Adriana visiblemente excitada–. Si no es hoy, ¿cuándo? Papabuelo se nos fue hace más de tres años y nunca me han dejado buscar entre sus cosas. Ni siquiera hemos visitado el sótano. No sé qué voy a encontrar allí, pero quisiera averiguar.

–Muy bien, –dijo Fabián– pero cuando termines, asegúrate de que pones todo en su sitio, –mientras Juliana sonriente, asentía con la cabeza.

Luego de desayunar, Adriana bajó al sótano y comenzó su misión. Por supuesto, había muchos libros (aunque la mayoría habían quedado guardados en *El Palacio de la Sabiduría*). Sin embargo, algo llamó su atención. Debajo de varias cajas, escondido en lo más recóndito del sótano, encontró y desempolvó un pesado y mohoso baúl de metal que parecía haber sido abandonado por un buque pirata de siglos pasados. Adriana lo sacudió con el pañuelo que hasta un segundo antes llevaba en la cabeza y rompió, con una palanca de metal que allí encontró, el candado oxidado que custodiaba celosamente el misterioso baúl. Dentro del mismo encontró alguna ropa de Papabuelo, incluyendo dos pares de sus famosas chancletas y uno de sus sombreros de ala ancha. Cuando ya se prestaba a cerrar el baúl, ante la poca emoción que le causaba lo que había encontrado adentro, avistó un cuaderno grueso de cuero arrugado, color rojizo, que tenía bordada en la portada, en letras doradas la frase «**Mis secretos para una vida feliz**». En la parte inferior, a mano derecha, aparecía también bordado el nombre «**Gonzalo Guevara**».

¡Es un libro de Papabuelo!, pensó a la vez que se le dibujaba una traviesa sonrisa entre sus labios. Emocionada, abrió el cuaderno y hojeó sus páginas. Luego de varios estornudos provocados por el baño de polvo que recibió en la cara al sacudir el baúl, comenzó a leer algunos párrafos de forma desordenada como para degustar el tesoro que estaba convencida que había encontrado. De repente, la tortura del encierro provocado por la pandemia parecía solo un mal sueño. Súbitamente, había aparecido un verdadero tesoro que prometía salvarla de su hastío.

«¡Ya era hora de encontrar y leer ese libro, bendito sea Dios! Para eso lo dejé. No entiendo cómo tardaron tanto en descubrirlo. Ya me estaba preocupando. Tanto tiempo que me tomó escribirlo. Vamos a ver qué hacen con él...».

EL TESORO

—·∞·—

¡Mamiiiii, papiiiiiiii! —grító entusiasmada Adriana ante su inesperado descubrimiento.

Los padres, que habían escuchados los fuertes y repetidos estornudos, aparecieron en el sótano en un microsegundo, pensando qué le pudo haber ocurrido a Adriana, a juzgar por su histérico tono de voz.

—¿Qué pasó? —dijo Juliana primero, con voz ahogada y la mano en el pecho.

—¡Miren lo que encontré! —dijo Adriana, mientras les mostraba su hallazgo y preguntaba a su madre con tono acusador— ¿Tú habías visto esto, mami?

Juliana simplemente se echó a reír con el cuaderno en sus manos.

—Dime, mami, ¿por qué te ríes y no me contestas?

—Ay, Adri, es que tu abuelo nos sigue sorprendiendo. Yo no sabía que este libro existía y me da mucha pena que haya pasado tanto tiempo sin que lo descubriésemos.

–Pero ya está –dijo Fabián entusiasmado–. ¿Lo abriste, Adri?

–Bueno sí, pero no he leído nada, salvo el título: **«Mis secretos para una vida feliz»**. Y de esto sí que sabía Papabuelo porque mira que vivía contento... y siempre tenía una historia que contar, acompañada de alguna lección... –hizo una pausa mientras se borraba la sonrisa de su rostro a la vez que acariciaba el nombre de su abuelo grabado en el cuaderno, entonces, susurró– ...lo extraño todos los días... ¡qué pena que se fue!

–Adri, –dijo Juliana en tono tierno– recuerda que Papabuelo no se nos fue. Como todo ser que es querido en la Tierra, solo los que olvidamos desaparecen para siempre y nos dejan. Mientras alguien se acuerde de ese ser, nunca desaparecerá ni quedará en el olvido. Así es Papabuelo. Sabes que siempre estará por ahí para ti cuando más lo necesites.

–Yo seeeé, mami, –dijo Adriana con tono burlón, mientras alzaba su mirada al techo, expresando su impaciencia–. Me refiero a que no lo puedo ver, ni abrazar.

–Bueno, chicas, ¿qué creen de leer el libro? –interrumpió Fabián–. Con ese título que tiene y ese maravilloso autor, me parece que vamos a aprender mucho en una travesía por sus páginas.

–¡Yeiiii! ¡Por fin!, algo interesante que hacer en esta cárcel... –exclamó Adriana–. Mami, ¿lo hacemos?

–¡Claro que sí! –dijo Juliana–. ¡Manos a la obra! ¿Quién lee?

–Yo –sentenció Adriana, mientras abrazaba fuertemente el cuaderno de cuero, que dejó su blusa impregnada de un fuerte olor a humedad y el remanente del polvo acumulado.

Acordaron encontrarse en la habitación principal, pero Juliana pidió unos minutos para prepararse un buen café. Hacía años que comenzaba sus días con una buena dosis de café puertorriqueño para impulsarse hacia los retos diarios. Estaba probado que el no hacerlo, le garantizaba un dolor de cabeza que le anulaba su capacidad de ser efectiva durante, al menos, la mitad del día. Tan pronto vino su madre, Adriana empezó a leer aquel manuscrito.

ADVERTENCIA - Aunque ser feliz es un noble y genuino objetivo de todo ser humano, lograrlo no es fácil. Es por eso que, si vas a abrir las páginas de este cuaderno, debes tener en mente lo complicado que resulta ser feliz en estos tiempos. Nuestra mente no está diseñada para procurar nuestra felicidad. Pocos entienden que, para lograr la felicidad, hay que trabajar el tema todos los días. Además, siempre es importante recordar que la felicidad es un trabajo que se hace desde adentro, no puedes delegar esa función en otros para que la realicen por ti. En eso se parece a un gimnasio: **así como no puedes mandar a alguien a levantar pesas por ti, tampoco puedes pedirle a alguien que sea feliz en tu lugar.**

Por otro lado, hay que partir de la premisa de que nadie nace con un chip que le garantiza felicidad permanente o duradera. Eso tienes que crearlo tú. Tampoco puedes pretender que factores externos te hagan feliz, porque **la felicidad es una puerta que se abre desde adentro.**

Escribí este libro poco a poco –y me tomó muchos años– porque entender lo que es verdaderamente la felicidad requiere mucho tiempo; tiempo de lectura, estudio, análisis, reflexión e introspección. Requiere haber vivido experiencias y emociones variadas, incluyendo algunas tristes y dolorosas; haber caído y haberse levantado; haber fallado y volver a intentarlo. De no haberme sentido preparado para ello, jamás me hubiese atrevido a escribirlo.

Los que me conocen, saben que siempre fui un ávido lector, a pesar de que no tuve la oportunidad de tener una educación formal. Sin embargo, eso no me detuvo en mi búsqueda de conocimiento. Por eso desarrollé *El Palacio de la Sabiduría*, mi templo de lectura. Allí hay todo tipo de libros; desde biografías de seres extraordinarios hasta novelas románticas. **Siempre dije que la ignorancia es una opción, no un destino.** Por eso, no me cabe duda de que en el siglo XXI el que se queda ignorante es porque así lo decidió. Hubiese sido un infeliz si no me hubiera preocupado por obtener conocimientos. Pienso que la ignorancia es una condena autoimpuesta por el propio ser humano.

Hago esta advertencia porque, históricamente, el tema de la felicidad fue puesto en un segundo plano por la psicología y la psiquiatría. Por décadas, ambas disciplinas se concentraron en entender y descubrir los factores que provocan la ansiedad, la depresión, la demencia senil y otras enfermedades mentales y condiciones. Sin embargo, se olvidaron de estudiar y analizar las causas de la felicidad. Creo que no fue hasta hace unos 80 años que se comenzó a estudiar con seriedad lo que ahora llamamos la *ciencia de la felicidad*. Debes saber, si es que vas a continuar leyendo, que el deseo y la intención de ser feliz hay que tomarlos muy en serio y actuar. Te voy a poner un ejemplo muy sencillo sacado del libro «Awakening Joy», de James Baraz: «Si tienes hambre y quieres comer algo que te gusta, sabes que no va a aparecer solo con desearlo. Tienes que cocinarlo o comprarlo, pero tienes que actuar». Así pasa con la felicidad. La mejor manera de comenzar es manifestando tu intención. Puedes escribirlo o decirlo. De hecho, si lo haces frente al espejo, mejor.

Hablando del espejo, leyendo descubrí que el espejo puede ser un arma muy poderosa para impulsarte a alcanzar tus objetivos. A mí nunca se me había ocurrido hacer algo así porque soy muy lindo para estar mirándome en un espejo y me podría enamorar... ¡Jaaaa! Sin embargo, una amiga psicóloga me recomendó el libro «El poder del espejo», de Louise Hay. En él, su autora destaca y detalla cómo el espejo puede tener un efecto transformador en tu vida, si sigues el curso de 21 días que diseñó. Pero, por el momento, como señala ella, debes comenzar por «controlar tu monólogo interior» y declarar tu pacto contigo. ¿Qué es tu monólogo interior? Pues más allá de una técnica o modalidad narrativa, se trata de esa conversación silenciosa que tienes contigo mismo, que ocurre en tu mente. Con frecuencia, ese monólogo se convierte en un ruido estruendoso que te impide pensar, concentrarte y estar en paz. Es por eso que debes comenzar por silenciar esas voces. Hazlo ahora y dilo: «HE DECIDIDO SER FELIZ. VOY A SER FELIZ», pero créelo y comprométete. Al hacerlo, estarás firmando un acuerdo contigo y si lo incumples, pudieras ser demandado por ti mismo. ¡Imagínate ese caso en un tribunal! De hecho, el juez serías tú también. ¿Te imaginas qué problemón?

Bueno, ahora en serio, para empezar con el pie derecho y no fallar en el intento, te tengo varias sugerencias: escríbelo y pon una nota en el espejo del baño, la puerta de la nevera, incluso puede ser parte de tu foto de perfil en las redes sociales o el «wall paper» de tu computadora. Trata de repetírtelo en silencio varias veces durante el día, desde que te levantas, todos los días a partir de hoy. Esta repetición te será particularmente útil cuando, en tu diario vivir, te enfrentes a situaciones que retan tu intención de ser feliz. ¡Vamos! Sin miedo. Nadie te está mirando ni escuchando: «HE DECIDIDO SER FELIZ. VOY A SER FELIZ».

–¡Eah, rayos! Con esa advertencia me queda claro que esto hay que tomarlo muy en serio –dijo Juliana.

–¡Hay una dedicatoria! –exclamó Adriana emocionada. Al verla, reconoció que estaba escrita en su puño y letra. Adriana se estremeció, distinguía su letra muy bien porque durante su vida, su autor le había escrito múltiples notas con mensajes inspiradores y muchas postales con motivo de su cumpleaños y en la Navidad. Los trazos de Papabuelo eran inconfundibles.

–Léela, léela, Adri –dijo Fabián.

–Es bien cortita; dice:

Para Adriana, Juliana y Fabián,
porque la familia es la raíz de todo.
Esa es mi felicidad absoluta.

PRIMER SECRET 8

SÉ AGRADECIDO

—¡**P**rimer secreto! –gritó entusiasmada Adriana–. El título es: **HAY QUE SER AGRADECIDO: ¿te mereces todo lo que tienes?**

–¡Bah! No me sorprende para nada, –dijo Fabián en tono altanero, pero jocoso–. Conociendo a Papabuelo... si me hubieses dado unos segunditos, lo decía antes que tú. Pero sigue, ¿qué dice sobre esto?

Adriana continuó leyendo:

Decidí empezar con este secreto porque considero que es –si no el más– uno de los más importantes y poderosos para alcanzar la felicidad.

Muchas de las personas más infelices que conozco resultan ser las que más riqueza material tienen. No es porque tienen mucho dinero, es porque para muchos de ellos nunca es suficiente. Esas personas nunca están satisfechas, sin importar la fortuna que amasen, ¡siempre quieren MÁS! Eso es muy triste. Hace tiempo aprendí de un viejo campesino la siguiente frase: «No es rico el que más tiene; rico es el que más le sobra». Años después escuché una versión que dice que «*es rico el que menos necesita*». Ambas versiones me resultan muy certeras.

En este tema, es muy revelador el estudio longitudinal más amplio que se ha hecho sobre las causas de la felicidad. Me refiero al estudio de la Universidad de Harvard, que siguió a más de 700 personas a lo largo de su vida, desde 1938. Entre otras conclusiones, ese estudio reveló que aquellas personas cuyo objetivo y foco principal es el dinero, no solo no son, en promedio, más felices que los otros, sino que muestran un grado mayor de insatisfacción con su vida que otras. Es que cuando tu gran propósito en la vida es ganar dinero, es muy difícil satisfacer tu necesidad de tener cada día más. Pasas de un trabajo en el que recibes un salario de $200,000, a otro que, aunque no te gusta, ni te motiva, te paga $250,000; de un televisor de 60 pulgadas a uno de 75; de un Mercedes Benz a un Maserati; de un bote de 30 pies a una lancha de 60. En fin, nunca es suficiente porque no eres agradecido y nunca estás conforme con lo que tienes.

En el momento en que empiezas a agradecer las múltiples bendiciones que tienes todos los días, tu vida cambia para bien. Te lo aseguro por experiencia propia. Empiezas a ver el mundo de manera diferente; es como si te pusieras unas gafas de un color distinto. **Es que, contrario a lo que piensa mucha gente, no es la felicidad lo que nos hace agradecidos, es ser agradecidos lo que nos hace felices.** La felicidad no depende de la cantidad de bienes materiales que tengamos, sino de cómo disfrutamos y apreciamos todo lo que tenemos, aunque no sea mucho. Mientras la aceptación significa ser consciente de la realidad, la gratitud significa abrazarla y acogerla. Cuando decides concentrarte en contar tus bendiciones en lugar de quedarte infatuado con tus cargas y situaciones, habrás encontrado la puerta que te abre hacia espacios de gratitud y, a la vez, la solución a la envidia que tanto corroe el alma. **Esa envidia se convierte en el salitre que penetra tu espíritu poco a poco, hasta deshacerlo totalmente.**

Hay que abandonar la costumbre de vivir resentidos y arrepentidos por lo que no tenemos y sustituirla por el agradecimiento a lo que tenemos, sin compararnos. Esa obsesión con compararnos constantemente es un verdadero obstáculo para la felicidad. Pienso que las redes sociales pueden hacer mucho daño en este tema de la comparación. Hay personas que están largas horas, diariamente, observando las historias de otros, sin percatarse de que, muchas veces, son realidades distorsionadas o, simplemente, mentiras. Entonces, pasan sus vidas comparándose con las vacaciones de aquel, el carro nuevo de aquella, la nueva casa de campo de los vecinos y el bote que compró la prima. En fin, **se mudan a un vecindario al cual llamo «Villa Comparación», asegurando así su inconformidad con su vida y perfeccionando su receta para la infelicidad eterna.**

Debes internalizar que el mero hecho de estar vivo es un privilegio, al igual que lo es tener una amada familia, amistades sinceras, tener un techo bajo el cual dormir, tener trabajo, poder ver, escuchar, saborear y sentir. Ahí tienen un listadito de varias cositas que damos por sentadas y no agradecemos porque siempre han estado ahí. Para mucha gente, esto parecería un discursito motivacional de esos, pero no, hablo en serio. Para poner un ejemplo sencillito de algo en lo que nunca pensamos, y que damos por hecho, les cuento que recientemente leí que, según los datos de la Organización Mundial de la Salud (OMS), alrededor de un cinco por ciento de la población del mundo tiene pérdida discapacitante de audición. En resumen, para hablar como me gusta, cinco de cada cien personas son prácticamente sordos. Dudo que tú seas uno de ellos, pero podrías haberlo sido.

Sin embargo, lo más probable es que tu capacidad auditiva sea excelente. Si es así, me alegro por ti. Ahora, imagínate que no pudieras escuchar nada: el sonido de la lluvia, el cantar de las aves, la música que tanto te gusta, ni la voz de tus seres amados. ¿Cómo crees que sería tu vida? Muy distinta, ¿verdad? Si este simple dato no es suficiente para motivarte a practicar el agradecimiento, creo que debes cerrar el libro ahora mismo. ¡No, no! ¡No te vayas, es broma! Pero, por favor, reflexiona sobre esto.

Sin embargo, debo dejarte claro que el mero hecho de ser sordo no te descalifica para ser feliz. Siempre recordaré con mucho cariño a varios miembros de la comunidad sorda con quienes tomé clases para bailar salsa. Se dejaban guiar por las vibraciones que produce la música y, no solo eran extremadamente felices, sino que bailaban mejor que muchos de los que tenemos nuestros cinco sentidos disponibles.

Para mí, lo más valioso que nos regala la práctica de la gratitud es que nos conecta con los demás y nos ayuda a crear y a sostener relaciones sólidas y saludables... De estas y de su inmenso valor, les hablaré más adelante.

De igual modo, es menester tener presente una expresión que dice que «una choza donde se ríe a carcajadas es mejor que un palacio donde se llora». El tamaño de tu casa no determina ni influye en el nivel de felicidad de las personas que la habitan. El dinero, las riquezas y los bienes materiales no son factores que aseguran nuestra felicidad. Esto no lo digo yo, lo he leído a través de los años en libros en los que se discute el tema de la felicidad y qué la provoca. Créanme, hay estudios científicos que lo confirman. Si no me creen, además de los estudios de la Universidad Harvard, lean los libros de quien para mí es el gurú de este tema a nivel mundial, Martin Seligman; así como otros estudiosos del tema, como la profesora Sonja Lyubomirsky. Hay varias investigaciones científicas que estudian la reacción de ciertas áreas del cerebro cuando las personas están experimentando gratitud. Los resultados son impactantes.

Piénsalo: un reloj de $20.00 da la misma hora que uno de oro con brillantes, un auto económico te lleva al mismo lugar que uno de lujo y una billetera vieja guarda los mismos billetes que una de piel fina fabricada por un diseñador francés.

Me detengo aquí para aclarar algo muy importante. No confundan esto como una oda a la pobreza o una especie de culto al conformismo, no lo es. Se trata de una filosofía de vida que te permite disfrutar y agradecer lo que tienes sin que ello signifique que renuncies a tus sueños y a tus planes de desarrollo para el futuro. Lo que ocurre es que pensamos –erróneamente– que, si tenemos lo que deseamos, vamos a ser felices. Al hacer esto, nos olvidamos de que la felicidad no es una meta a la cual llegaremos algún día. No existe un destino que te lleve a un cofre lleno de monedas al final de un arcoíris. La felicidad está presente en el proceso, es un trayecto que no tiene fin. Tienes que disfrutar el viaje. Ahí está tu verdadera felicidad.

Ahora que terminas de leer mi *Primer secreto*, quiero que me sigas la corriente y hagas unos ejercicios y reflexiones que van a aparecer al final de cada capítulo. Si haces esos ejercicios, entonces sí estarás aprovechando las lecciones que intento comunicarte. ¡Vamos! Toma diez minutos, lo prometo.

Haz un listado de todas las cosas y personas por las cuales debes agradecer (no pares hasta el final, no te limites al espacio en esta página; toma tu tiempo y piensa en los detalles, en las cosas pequeñas...).

¿Qué te impide ser una persona agradecida?

....

....

....

....

....

....

....

¿Qué necesitas para ser agradecido? ¿Qué falta en tu vida?, si algo.

....

....

....

....

....

....

....

¿Cómo sería tu vida si tuvieras todo lo que deseas?

....

....

....

....

....

....

....

Si ya contestaste estas preguntas, te felicito. Es un buen comienzo, pero no creas que he terminado contigo. Ahora te voy a invitar a hacer algo que es una herramienta muy útil para aquellos que, verdaderamente, quieran cultivar el agradecimiento. Empezando hoy, no cuando termines de leer el libro completo, empieza a llenar lo que se llama un «diario de gratitud». En él, desde hoy en adelante, por el resto de tu vida, vas a escribir las razones que tuviste para ser agradecido, cada día. Ojo, esto no es para que escribas cuatro párrafos diarios y conviertas este ejercicio en una fuente de sufrimiento y estrés. Son solo dos o tres oraciones cortas en las que expresas tu agradecimiento, no más. Unos ejemplos son: «Hoy me encontré con un amigo al que no veía hace años...», «Hoy me fue muy bien en el trabajo», «Dormí la noche completa», «Hoy cerré un negocio», «Hoy hice algo distinto», «Hoy cenamos juntos, en familia». Así de sencillo. Te reconozco que, de entrada, suena raro y da trabajo, pero si lo haces constantemente, todos los días, te aseguro que llegará el momento en que tu mente te lo va a pedir. Pronto te darás cuenta de que tienes muchas más razones para dar gracias de las que ahora mismo reconoces.

–Wow, mami, este libro es para pensar de verdad –dijo Adriana con un tono que giraba entre asombro y advertencia.

–Así es, Adri, así que, ¡manos a la obra! Pienso que lo mejor que podemos hacer es contestar individualmente las preguntas y discutirlas mañana... –un poquito más tarde, por favor–, y luego seguimos a la segunda lección. ¿Qué creen?

Adri y Fabián estuvieron de acuerdo y cada cual se fue a hacer su día.

«¡Esoooo! Me está gustando esta dinámica entre ellos. Cuando escribí el libro, no pensé que pudieran hacerse dinámicas familiares o de grupo. Es más, creo que se presta para dinámicas en lugares de trabajo. ¡Qué bien ha resultado esto!».

Al día siguiente, pero una hora más tarde que la mañana anterior (a petición de Juliana), se reunieron nuevamente los tres, café en mano y con mucho ánimo.

–¿Alguien quiere decir algo? –preguntó Adriana.

–Pues yo –brincó Juliana–. Solo quería decirles que yo, que he pasado por tantas y que dediqué demasiadas horas a mi trabajo para poder tener más dinero, más bienes, más propiedades, más riquezas, me di cuenta hace tiempo que ahí no está la felicidad y que estoy muy agradecida con lo que tengo y lo que soy. No me hace falta absolutamente nada más que ustedes dos.

Fabián intervino para decir que llevaba mucho tiempo en búsqueda de la felicidad, particularmente, durante la «época oscura» que él y Juliana vivieron unos años atrás, cuando el abuso de ella con las drogas recetadas y el alcohol, por poco acaba con su matrimonio. Se limitó a decir en tono sombrío, pero firme:

–Me he dado cuenta de que lo que ocurre con la felicidad es lo mismo que pasa con el control remoto del televisor: nos pasamos la vida buscándola sin percatarnos de que la tenemos muy cerca, a veces debajo de nuestras propias narices».

–Después de que Papabuelo se fue, –intervino Adriana,– yo me he dado cuenta de que tengo demasiadas cosas por las cuales agradecer. Me da vergüenza no haberme dado cuenta antes de lo dichosa que soy por ser su nieta y haberlo tenido en mi vida. También decidí que no voy a quejarme más por la pandemia. Después de todo, no la he pasado tan mal. Entendí que me he comportado como una niña engreída, ahora puedo ver lo bendecida que he sido. ¿Me perdonan por eso, por fa?

Al terminar su pensamiento, Adriana se abalanzó, emocionada, a los brazos de sus padres y todos disfrutaron del momento.

–No tenemos nada que perdonar –le dijo Juliana–. La gratitud es algo que se aprende con la práctica todos los días. De ahora en adelante, en esta casa, seremos expertos en este tema. ¿Les parece?

Por su parte, mientras Adriana seguía entre sus brazos, Fabián le dijo algo que les hizo recordar al viejo difunto:

–Aprieta duro, Adri, que el abrazo es lo único que mientras más duro aprietas, mejor se siente y más alivio da.

Luego de esa interacción amorosa, acordaron hablar en la noche, después de la cena, para seguir leyendo el libro.

Ejercicio de gratitud

Si quieres llevar a cabo el ejercicio de gratitud a otro nivel, te propongo lo siguiente: Identifica a aquellas personas que, de alguna u otra manera, han aportado algo importante o significativo a tu vida y que no agradeciste apropiadamente. Hoy, escríbeles una carta, una postal o un correo electrónico agradeciendo lo que hicieron por ti. No tiene que ser una parrafada, basta con unas líneas. Verás cómo te sientes cuando lo hayas hecho con varias personas.

Ahora, si realmente deseas hacer algo que cambiará tu vida de inmediato, haz lo mismo con quienes te hicieron daño. Sí, los que quizás llamas «enemigos». Adopta la filosofía budista y míralos como tus más valiosos maestros. Así los define el Dalai Lama porque está convencido de que nos ayudan a desarrollar nuestra práctica espiritual y a cultivar ecuanimidad, aún de cara a la adversidad. Agradéceles los aprendizajes que obtuviste gracias a ellos. ¡Atrévete!

NO ES RICO
EL QUE MÁS TIENE,
SINO EL QUE MENOS
NECESITA.

SEGUNDO SECRETO 8

NO ERES ETERNO

Tan pronto terminaron la cena, Adriana tomó el cuaderno y se sentó en el sofá, lista para seguir descubriendo aquel hermoso regalo de Papabuelo, sin percatarse de que su madre estaba muy distraída. Lucía como que no estaba presente, algo que Fabián inmediatamente identificó en silencio y le provocó gran desasosiego. Conocía muy bien esa cara, esa mirada vacía de su esposa. Era obvio que algo la aturdía, pero decidió ignorar el asunto, al menos por el momento.

NO ERES ETERNO... pensar en tu mortalidad te impulsará a actuar. Muchas personas viven dejando todo para después, para otro día, para el próximo año, para la próxima vez que nos veamos y, sobre todo, para el momento perfecto. Ese enfoque los lleva a permanecer donde están, paralizados y estáticos. Esas personas corren el peligro de nunca ver sus sueños alcanzados, sus planes completados, sus ideas materializadas y sus relaciones culminadas. Son personas que nunca alcanzarán su máximo potencial porque han decidido procrastinar eternamente y sin límite.

–Mami, ¿qué es procrastinar? –preguntó Adriana.

–¿¡Ah!? –La pregunta pareció sacar a Juliana de su letargo.

–Pues, Adri, de una manera sencilla, procrastinar significa dejar las cosas para después y, en vez de hacerlas, entretenerse haciendo otras cosas que no tienen importancia porque parecen más divertidas, o son más fáciles que las que de verdad son importantes y urgentes.

–No entendí, mami, perdona.

–Nada que perdonar mi amor. Haces muy bien en preguntar para aclarar y entender. Recuerda lo que decía Papabuelo sobre las preguntas: «No hay preguntas tontas...

–«...pero sí tontos que no preguntan» –interrumpió Adriana con entusiasmo.

Ambas rieron mientras Juliana se prestaba a continuar con su explicación. Sin embargo, en ese preciso momento, leyó el párrafo siguiente al que había leído Adriana y le dijo a su hija que continuara leyendo porque pensaba que el ejemplo que seguía le dejaría las cosas claras.

Cuando yo trabajaba, solía llegar todos los días a mi oficina y, antes que todo, hacía lo que se llama un «TO DO LIST». Allí, anotaba todo lo que quería hacer ese día. Sin embargo, con el tiempo me di cuenta de que esa lista, si es mal utilizada por quien la redacta, no sirve de nada para ser más eficiente. Eso me ocurrió muchas veces. Recuerdo que comenzaba a hacer las cosas que me resultaban más fáciles, placenteras y divertidas, sin tomar en consideración el nivel de importancia o urgencia que tuvieran. Me sentía muy bien tachando de la lista las cosas que hacía, pero no me daba cuenta de que lo verdaderamente urgente lo dejaba siempre para el final. Eso me ocasionó muchos malos ratos e inevitablemente elevaba mis niveles de estrés. Por eso, aunque seguí siempre con mi listita, paralelamente comencé a hacer otras dos listas. La primera, que la aprendí del conocido autor de fama internacional, Robin Sharma, la llamé mi «NOT TO DO LIST». Eso me permitía diferenciar entre lo importante y lo urgente. Me resultó tan efectivo que se lo he recomendado a todo el que he podido. Ya no me entretenía haciendo lo que no era urgente y ponía toda mi atención en lo que realmente tenía prioridad. Esta decisión, no solamente disminuyó mis niveles de estrés y ansiedad, sino que me hizo una persona mucho más eficiente y productiva.

Sin embargo, con el transcurso del tiempo y la sabiduría que me dieron las canas, comencé a hacer otra lista, la más importante. La llamé el «TO BE LIST». En esa lista no solo incluyo lo que voy a hacer para «SER», sino lo que tiene prioridad dentro de ese objetivo que me he trazado de «SER» y vivir con pasión e intensidad todos los días de mi vida. Aunque la lista es un documento vivo y cambiante, usualmente incluyo cosas como meditar, ejercitarme, leer, escribir, hacer obras de caridad y, siempre, siempre, siempre la termino con AMAR. Con el tiempo, me di cuenta de que sin esa lista de «SER» continuaría viviendo como un robot, en automático, siguiendo una rutina loca que me llevaría a hacer todos los días las mismas cosas, en un mismo orden y a la misma hora. Así, si lo permites, **se te va la vida sin darte cuenta y cuando mires para atrás, será muy tarde.**

Sharma habla de que muchas personas dedican su tiempo a mantenerse ocupados, solo porque sí, «We are too busy being busy». Si caes en eso, se te va la vida. Por ejemplo, tu hija solo va a gatear, caminar y a decir «papá» por primera vez, una sola vez. Si no estabas, te lo perdiste. Cada celebración de un cumpleaños ocurre una sola vez en la vida, el próximo no es el mismo que dejaste pasar. De igual manera, el atardecer que viste hoy no sustituye al que ignoraste ayer porque son distintos y ocurren en días distintos. La vida es como el agua del río: una vez te pasa por al frente, no podrás beber de ella otra vez. Es por eso que debemos tener un sentido de inmediatez al enfrentarnos a la vida y sus interminables retos. Es vital internalizar que nuestra juventud y agilidad nos van abandonado con el tiempo, que las oportunidades muchas veces no se repiten y que, si no actúas ahora, vas a ser una persona infeliz en el futuro, lamentándote por lo que pudo haber sido y no fue.

Juliana no esperó a que Adriana reaccionara al texto que acaba de leer y le indicó:

–¿Entendiste ahora, Adri? Es como cuando yo te pido que recojas el cuarto o que te pongas a estudiar y tú, sabiendo que es importante que lo hagas, decides contestarle un texto sin importancia a una de tus amigas o darle «me gusta» a alguna foto que puso Karol G en las redes sociales. Al final, lo haces, pero te retrasaste innecesariamente y tienes que estudiar hasta tarde. De hecho, sin darnos cuenta, ayer nos diste un gran ejemplo de lo que es no procrastinar. Fíjate que, cuando pediste permiso para buscar entre las cosas de Papabuelo, te pregunté que por qué hoy. ¿Te acuerdas lo que contestaste?

–La verdad es que no –dijo una confundida Adriana.

–Pues preguntaste «¿por qué no?» –interrumpió Fabián–. Eso mismo es de lo que se trata esto. Decidiste darle importancia a algo en lugar de dejarlo para después. Eso es lo contrario a procrastinar. Así de sencillo.

–Ok, me queda claro. Además, me doy cuenta de que a veces yo también procas… procras… procrastino sin darme cuenta. Oye, ¡qué difícil la palabrita esa…!

Juliana sonrió y le pidió a Adriana que continuara con su lectura.

En palabras de Daniel Habif, en su libro «Inquebrantables»: «Procrastinar es un hábito nefasto, un vicio que no solo te aleja de tu meta, sino que te cuesta mucho dinero(…) procrastinar tiene mucho que ver con la falta de voluntad». Menciona Habif que una de las causas principales de la procrastinación es el mal manejo del miedo. Dice el autor, y yo lo respaldo, que **el miedo es una reacción que con frecuencia se convierte en autosabotaje. Es un aliado mentiroso cuya función en nuestras vidas la asignamos nosotros mismos: puede ser la barrera que te impide avanzar o el combustible del cual obtienes la energía para seguir hacia adelante.**

Es por eso que te propongo lo siguiente: **No le tengas miedo al miedo.** Ya me imagino que están pensando que estoy loco. ¿A quién se le ocurre algo así?

Yo coincido con Habif; no tengo duda de que el miedo es un gran aliado si aprendes a manejarlo y hacerlo parte de tu vida.

¿Qué pensarías si te dijera que, si no fuera por el miedo, la raza humana no hubiese sobrevivido durante milenios, desde la época del hombre y la mujer primitiva? Me explico para que me entiendan. Imagínate que estás caminando por la calle de tu barrio y, de repente, te encuentras un enorme león que te mira fijamente a los ojos y te ruge. ¿Qué harías?, ¿peleas con él o huyes a esconderte a un lugar seguro? ¡Pues, claro que huyes! ¿Cuántos segundos te tomó tomar la decisión?, ¿uno?, ¿cuánto lo pensaste?, ¿nada? Pues, debes saber que esa reacción salvó por siglos a los humanos prehistóricos y se conoce como «fight or flight» (pelea o vuela). Esa reacción, que es producida por nuestro amigo el miedo, es la que nos ha permitido no solo sobrevivir, sino superar muchos obstáculos a través de los siglos y hacer lo que nos corresponde.

El miedo puede ser paralizante, pero solo si tú lo permites. Si eres de las personas que tiene miedo porque no sabes qué pasará después o si tienes miedo de cambiar porque ello conlleva dejar atrás algunas cosas, como una amistad, una relación o un trabajo, estás permitiendo que el miedo te domine, te limite y guíe tu vida. Si quieres superarte y cumplir tus sueños y metas, no puedes permitir que esto ocurra. Tienes que abrazar el miedo y hacerlo tu amigo, tu socio. Sí, sé que te parece extraño, pero créeme, que así es.

Yo tuve miedo mil veces, pero no fue hasta muy poco que tuve el valor de admitirlo a algunos amigos. ¿Por qué? Porque, lamentablemente en nuestra sociedad, admitir que tienes miedo es una señal de debilidad. Es por eso que nadie suele aceptar que lo siente o lo ha sentido alguna vez. Sin embargo, pregúntale a la persona más exitosa que conozcas si alguna vez sintió miedo. La respuesta te sorprenderá porque estoy seguro de que te confirmará que sí, y que todavía lo siente. Entiende de una vez, que el problema no es sentir miedo; lo negativo es paralizarte ante él y quedarte en tu zona de confort. Una vez haces eso, estás perdido porque esa zona es un cementerio de ideas donde nada crece y nada ocurre. El éxito en la vida está al otro lado del miedo. Para demostrártelo, solo piensa qué harías si te encuentras conduciendo por una autopista y súbitamente entras a un fuego que parece incontrolable. Hay fuego detrás de ti, hay fuego donde estás y fuego más adelante. ¿Qué harías?, ¿detenerte y quemarte? No creo. Por el contrario, acelerarías al máximo hasta salir del área del fuego,

¿verdad? Pues así pasa con el miedo. Hay que enfrentarlo y atravesarlo. Un paso más, solamente un paso más y lograrás vencer el miedo y aprender a vivir con él. En ese preciso momento estarás empezando a vivir tus sueños. Por eso es que siempre me ha gustado mucho la expresión «salta, que la malla aparece». No puedes esperar a que las condiciones sean perfectas o a que todas las circunstancias sean las idóneas para ejecutar tu plan. Mucho menos se te ocurra esperar al día perfecto porque ese día no existe.

Pasamos demasiado tiempo de nuestras vidas PREocupándonos, por lo que creemos que va a pasar y no nos damos cuenta de que, justo en esos momentos, es la vida la que nos pasa por al frente sin que nos demos cuenta y así la desperdiciamos. Nos preocupamos más por lo que creemos que va a ocurrir que por lo que verdaderamente ocurre. Te voy a dar un ejemplo que te hará reír porque creo que nos ha ocurrido a todos: cometes un error y te amargas pensando que la persona afectada va a reaccionar de una manera muy negativa y tendrás una discusión muy fuerte cuando le digas lo que ocurrió. Sin embargo, una vez le informaste lo ocurrido, la persona reaccionó tranquilamente y te dijo que eso no era algo tan importante. ¡Qué alivio se siente! ¡Qué sufrimiento te provocaste tú mismo, sabe Dios por cuantas horas o hasta días, al pensar que ocurriría lo que nunca ocurrió! Yo he pasado muchos malos ratos con este tema, pero ya aprendí.

La vida es incierta. Aceptar esa realidad te permitirá respirar y liberarte de la presión que genera en ti el pretender darle certeza matemática. **Esa incertidumbre que tanto temes, eso que desconoces es precisamente lo que hace de la vida del ser humano una gran aventura. Acepta esta realidad y fluye.**

Desde el momento en que asimilé esta realidad, se abrieron posibilidades en mi vida que nunca había contemplado. Cuando superé mi fijación con el resultado final, me atreví a dar pasos firmes que me llevaron por el camino de la incertidumbre. Del resto, se encargó el Universo y, por supuesto, mi Dios. Fue en ese momento que mi horizonte se extendió y logré cruzar fronteras inimaginables. ¿Fallé en el proceso? Claro. ¿Me caí? Muchas veces. De hecho, todavía me duelen un par de huesos y músculos... ¡Jajajaja!, pero me levanté una y otra vez. Guardo con orgullo las cicatrices que produjeron las heridas del camino. Son el recuerdo de mi valentía y de mi voluntad durante el proceso. Me arriesgué mucho y, al final, triunfé. En aquellos momentos en que cuestioné mi atrevimiento, cuando esa vocecita me decía «para, regresa adonde estabas tan cómodo», recordé el dicho «un barco en un puerto está muy seguro, pero los barcos no fueron construidos para eso». Con eso en mente, seguí siempre hacia adelante, arriesgándome y con miedo, pero siempre adelante.

Una tarde, mientras leía uno de esos libros que me encontré en el camino, me sentí muy inteligente cuando vi que, sin saberlo, había actuado conforme a lo que dicta ley del desapego, según la presenta Deepak Chopra, en su maravilloso libro «Las siete leyes espirituales del éxito». En resumen, esta nos indica que «para adquirir cualquier cosa en el universo físico, tienes que renunciar a tu apego hacia él [ella].

Sin embargo, no fue eso específicamente lo que me impactó. Fueron otros fragmentos de la explicación lo que validó mi decisión de atreverme a explorar otras dimensiones. Deepak nos invita a basarnos en «la sabiduría de lo incierto», mientras establece que la búsqueda de la felicidad «es algo efímero» y que, además, es «una ilusión».

«Lo incierto, por el contrario, es el suelo fértil de la creatividad pura y la libertad(...) significa entrar dentro de lo desconocido a cada momento de nuestra existencia. Lo desconocido es el campo de todas las posibilidades(...). Sin lo incierto y lo desconocido, la vida no es más que una repetición viciada de memorias gastadas».

«Una repetición viciada de memorias gastadas», ¡Dios mío!, ¡qué sacudida! Nunca lo había visto así. La conclusión es que cuando te atreves a experimentar lo incierto, estás por el camino correcto. Desde ese momento, decidí abrazar «la sabiduría de lo incierto».

Bueno, ahora pregúntate y contesta lo siguiente:

¿A qué le tienes miedo?

....
....
....
....
....
....
....
....

¿Qué dejaste de hacer o decir porque tenías miedo?

....
....
....
....
....
....
....

¿Qué hubiese pasado si no hubieses tenido miedo? ¿Cómo sería tu vida?

Para confirmar y asimilar el hecho de que no somos infinitos y que la fragilidad de la vida es algo real, basta con recordar que las personas que fallecieron ayer tenían planes para hoy, tenían amistades que abrazar, amantes que besar y proyectos que culminar. Algunas de esas personas se despidieron de su pareja con un «hasta mañana», pero no despertaron. Otras sí despertaron y se despidieron de sus seres queridos con un «nos vemos esta tarde» cuando salieron a trabajar esa mañana. Sin embargo, no regresaron. La vida puede ser maravillosa, pero también es corta e impredecible.

Ahora contesta estas otras cuatro preguntas para que puedas determinar si estás aprovechando el tiempo, abrazando el miedo y viviendo tu propósito en la vida.

¿Qué harías si te dijeran que te queda un año de vida?

¿Qué harías si te dijeran que te quedan 24 horas de vida?

....
....
....
....
....
....
....
....
....
....
....

Si no tuvieras ningún tipo de limitación económica, física o familiar, ¿a qué darías prioridad en este momento?

....
....
....
....
....
....
....
....
....
....
....

¿Qué te impide hacerlo ahora mismo?

LA ZONA DE CONFORT
ES EL CEMENTERIO
DE TUS SUEÑOS.

TERCER SECRET8

PERDONA

—**H**oy leo yo –dijo Juliana en tono juguetón, mientras Adriana aceptaba la propuesta, sin reservas.

Hay un pensamiento que se le atribuye a Mahatma Gandhi que dice que «el débil nunca podrá perdonar porque el perdón es una virtud de las personas fuertes». Ese pensamiento me abrió los ojos y me permitió ver el concepto del perdón desde una óptica distinta. Son tantas las veces que he tenido que perdonar y muchas más las que me han perdonado, que ya no las puedo contar. Creo que esa es la razón por la cual aprendí a perdonar y por la que me di cuenta de que, al igual que el amor, el perdón verdadero surge del corazón, de la fuente inagotable del amor. Con esto quiero decir que no hay un límite de veces en la que puedes perdonar durante tu vida. De hecho, cuando le cojas el gustito, te darás cuenta de que cuando perdonas, no solo liberas a la persona que te ofendió, sino a ti misma. Sí, a ti misma, porque el perdonar te libera de uno de los sentimientos más poderosos que puede experimentar un ser humano: el rencor. Ese sentimiento es tan o más poderoso como amar, pero en la dirección opuesta. Es muy peligroso. Por eso Buda dijo que la ira es como agarrar con la mano un carbón ardiente para lanzárselo a alguien... ¡quien se quema eres tú!

Cuando perdonas, te liberas de las garras del pasado que no te permiten evolucionar mirando al futuro. De hecho, muchas veces ese perdón es un favor que te haces a ti mismo porque es posible que la otra persona hacia la cual guardas rencor y no has perdonado, ni siquiera sepa lo que sientes y no se ve afectada de manera alguna, mientras tu corazón sigue agrietándose... en silencio.

Uno de los ejemplos más dramáticos de la capacidad de perdonar que tiene el ser humano, en mi humilde opinión, es lo ocurrido en Sudáfrica en la época del final del cruel y sanguinario régimen racista conocido como el «apartheid». Bajo el liderazgo de Nelson Mandela, la mayoría negra obtuvo una enorme victoria electoral que pondría punto final a las atrocidades de dicho régimen, todo bajo el mando de su máximo líder. Sin embargo, contrario a lo que esperaban muchos de sus seguidores, Mandela no salió de su inhumano confinamiento en Robben Island, con una agenda de venganza. Todo lo contrario, luego de 27 crueles años de encierro, su agenda era de perdón y de reconciliación nacional. Para asegurarse de ello, constituyó la Comisión de la Verdad y la Reconciliación y le encargó la responsabilidad de dirigirla al arzobispo Desmond Tutu, quien había sido un pilar del movimiento «antiapartheid» durante el encarcelamiento de Mandela. Narra Tutu en el libro «*The Book of Joy*», que fue testigo de numerosas instancias en que vio madres cuyos hijos habían sido asesinados por los servidores del régimen, presentarse a las vistas de la comisión y perdonar a aquellos que asesinaron a sus hijos, meramente por ser negros.

En esa misma línea, un ejemplo impresionante de lo que representa el poder del perdón, nos lo trae la autora y conferenciante motivacional, Candice Mama, quien ha sido nombrada como una de las mujeres más inspiradoras por la revista *Vogue* y una de las 20 mujeres africanas más destacadas en la lucha por una agenda en favor de la mujer, la paz y la seguridad en el continente africano. Candice es un ejemplo del poder sanador del perdón. De hecho, en las redes puedes encontrar un video que se llama «How Forgiveness Saved My Life» (en español, «Cómo el perdón me salvó la vida»). En dicho video –el cual te recomiendo que veas– ella narra que su padre fue asesinado por uno de los principales sicarios del régimen del «apartheid», Eugene De Kock, conocido por el apodo «Prime Evil». Nos dice Candice que tuvo acceso a un documento titulado *Nelspruit Amnesty Hearings*, en el cual De Kock habló en detalle de los eventos que dieron lugar al asesinato su padre. Las circunstancias son espeluznantes. Narró De Kock que, luego de dispararle a mansalva, se acercó a la camioneta que guiaba el padre de Candice y se percató de que seguía vivo. Entonces, en un acto monstruoso, procedió a prender fuego a la camioneta, con él adentro, vivo.

Narra Candice que, a partir de ese momento, fue acumulando odio en su corazón hasta que una noche, a la edad de 16 años, fue llevada al hospital con un fuerte dolor en el pecho; tan intenso era el dolor que se temió que estaba teniendo un ataque cardiaco. Los médicos le indicaron que nunca habían visto síntomas de estrés tan severos en alguien de su edad. Específicamente, el médico que la atendió le dijo: «Tu cuerpo te está matando». En ese momento, reconoció que tenía un gran problema y que no era feliz ni saludable.

Inesperadamente, Juliana, estremecida, paró para respirar. Al hacerlo, se percató de que tanto Adriana como

Fabián estaban sollozando. Ninguno pudo asimilar la escena dantesca descrita por De Kock.

—¿Cómo se puede perdonar algo así? —susurró Adriana mientras Fabián la abrazaba.

—Vamos a dejar esto aquí por hoy, no puedo seguir —sentenció Juliana con autoridad.

Así lo hicieron. Era obvio que las imágenes habían quedado dolorosamente tatuadas en la mente de todos.

Al otro día, aunque todavía afectados con la historia del padre de Candice, retomaron la lectura.

—Seguimos —sentenció Juliana, mientras tragaba gordo de tan solo volver a imaginar aquella escena.

Inevitablemente, Candice sintió mucho coraje y odio. Concluyó que tenía que hacer algo porque se percató de que De Kock se había adueñado de ella: «Cada vez que pienso en este hombre, él toma control de mí y me dan ataques de pánico. Es como que no controlo mis emociones. Ya mató a mi padre y ahora me está matando a mí». En ese momento, asimiló que el perdón no era simplemente una opción, sino algo crucial para recuperarse. A la edad de 24 años, Candice aceptó una invitación del National Prosecution Authority, para formar parte de un diálogo entre los asesinos del «apartheid» y las familias de las víctimas de sus crímenes.

Específicamente, invitaron a Candice y a su familia a encontrarse con Eugene De Kock en persona. Para sorpresa de muchos, aceptaron la invitación. Al verlo por primera vez, Candice indica que se sorprendió de que el aura de negativismo y maldad que esperaba que rodeara a De Kock no estaba presente. Aquel hombre proyectaba algo distinto que, en ese momento, ella no podía descifrar. Durante el encuentro, De Kock detalló cómo los eventos de aquel día habían desembocado en la terrible muerte de su padre. Luego, los familiares tuvieron la oportunidad de hacerle preguntas. Llegado el momento, Candice intervino y le dijo: «Eugene, yo quiero decirte que te perdono, pero primero tengo que hacerte una pregunta: ¿Tú te perdonaste a ti mismo?». De Kock, visiblemente sobrecogido por la pregunta, le contestó mirando hacia el lado y con una lágrima bajando por su mejilla: «Con las cosas que yo he hecho cómo puedo perdonarme a mí mismo». Candice empezó a llorar, no por ella ni por su padre, sino porque se percató de que De Kock nunca sabría lo que es estar en paz. Luego de esa interacción, Candice lo sorprendió aún más cuando le preguntó si podía abrazarlo. De Kock accedió y, nuevamente, le dijo lo arrepentido que estaba por lo que había hecho y le señaló que su padre estaría muy orgulloso de la mujer en que se había convertido. Como culminación a uno de los actos de perdón más conmovedores que conozco, en el año 2015, la familia de Candice apoyó la decisión del Gobierno Sudafricano de darle el beneficio de sentencia suspendida a Eugene De Kock. Cuando salió de prisión, muchas personas se le acercaron a Candice para decirle, de modo acusatorio: «Tú liberaste un prisionero». Candice contestó con una sonrisa en sus labios: «No, ese día liberé a dos prisioneros: Eugene De Kock y Candice Mama». Les confieso que esto último me marcó para siempre.

Sin embargo, hay una reflexión de Candice que siempre me ha llamado la atención porque pienso que tiene toda la razón. **Se trata de que tenemos que entender que cuando una persona te hace daño, te hizo daño una vez. Sin embargo, cuando nos aferramos a ese suceso y a esa narrativa de venganza, permitimos que la persona nos hiera o nos haga daño una y otra vez. Cuando caes en esa trampa, permites que esa persona tenga poder sobre ti y controle tu vida.** En el caso particular de Candice, ese día, en el momento que lo perdonó, se liberó de él y dejó de ser Candice, la víctima de De Kock para convertirse en Candice, la mujer que controla su vida.

Esa misma actitud asumió el norteamericano, Anthony Ray Hinton, quien pasó 30 años de su vida en la cárcel en lo que llaman el corredor de la muerte («death row») por un crimen que no cometió. Esto ocurrió en el estado de Alabama, en los Estados Unidos. La celda en la que estuvo encerrado medía escasamente 5 x 7 pies y solamente podía salir de ella durante 1 hora diaria, porque se encontraba confinado en lo que se conoce como aislamiento solitario. Cuando fue entrevistado en el programa «60 Minutes», el entrevistador le preguntó si sentía coraje hacia aquellos que lo habían encarcelado y este indicó que no. Ante su respuesta, el entrevistador, incrédulo, insistió: «¿Cómo es posible eso si ellos te robaron 30 años de tu vida?». Hinton contestó: «Si siento coraje, no he perdonado y, si no perdono, entonces, ellos habrán dañado también el resto de mi vida». Es obvio para mí que, por medio del perdón, Hinton evitó que le robaran el resto de su vida.

Finalmente, para nosotros los cristianos, el mejor ejemplo de lo que es el perdón nos lo dio Jesús de Nazareth quien, crucificado en el Monte del Calvario, miró al cielo y le pidió a Dios: «Padre, perdónalos porque no saben lo que hacen», refiriéndose a aquellos que se habían encargado de torturarlo, flagelarlo y, finalmente, crucificarlo.

Cuando pienso en esto, sin pecar de ser irrespetuoso, me parece que a los negros surafricanos y los judíos de los tiempos de Jesús les ocurrió algo similar. Ambos grupos esperaban un guerrero que se encargaría de liderar su pueblo para vengarse, pero fueron sorprendidos por líderes que predicaron el perdón como punta de lanza de sus respectivos proyectos de amor. Visto desde este prisma, me resulta claro que el camino del perdón es muy poderoso y nos conduce en la dirección correcta para lograr una felicidad plena y duradera.

Ahora, ¡a trabajar!

Haz un listado de personas que te han ofendido y a quienes no has podido perdonar.

....
....
....
....
....
....
....
....
....
....
....
....
....
....
....
....
....
....
....
....
....
....
....

Anota al lado de cada nombre la razón específica por la que te ofendió y el motivo por el cual no la perdonaste.

¡Ahora viene el momento de la verdad!

Escríbele una breve carta, postal o correo electrónico diciéndole que la perdonas, pero tiene que ser de corazón.

Te parece fuerte, ¿verdad? Es posible que hayas dicho: «¡Hasta aquí! Esto no lo voy a hacer. Voy a cerrar este libro ahora mismo». Pues aquí viene mi regalo para ti. Aunque escribas la carta, la postal o el correo electrónico, te tengo una gran noticia: ¡no tienes que enviarla! Escríbela de tu puño y letra, tendrá un efecto sanador en ti. ¡Créeme!

Finalizo dejando claro que perdonar no implica olvidar; mucho menos requiere que restablezcas tu relación con quien te ofendió. Tampoco requiere buscar una manera de excusar o justificar la conducta ofensiva.

La esencia del perdón radica en nuestra capacidad de dejar ir el acto o la conducta que nos ofendió y evitar que, poco a poco, consuma nuestros corazones. Es ser conscientes de que la venganza no tiene el efecto de borrar lo que ocurrió; sin embargo, nos transforma de ser un lacayo del rencor y de la sed de venganza. En palabras de la Madre Teresa de Calcuta: «El perdón es una decisión, no un sentimiento, porque cuando perdonamos no sentimos más la ofensa, no sentimos más rencor».

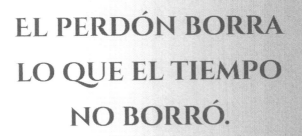

EL PERDÓN BORRA
LO QUE EL TIEMPO
NO BORRÓ.

-Jaime Tenorio Valenzuela

CUARTO SECRETO

CONÓCETE A TI MISMO, SÉ CONGRUENTE Y NO TE COMPARES

———·∞·———

Juliana continuaba perdida en sus pensamientos y preocupaciones, pero había optado por quedarse callada. No se sentía lista para compartir sus inquietudes con nadie, mucho menos con Fabián. Pensaba que ya había puesto a prueba su paciencia, sus niveles de comprensión y su capacidad de amarla. Sin embargo, no se percató de que Fabián ya estaba convencido de que algo le ocurría. Conocía demasiado a su esposa, pero había decidido regalarle a Juliana todo el espacio necesario para que decidiera cuándo hablarían.

A pesar de que se consideraba una mujer fuerte, que había superado muchos obstáculos durante su vida, en ese preciso momento Juliana pensaba que había perdido parte de su identidad en algún lugar del camino. Mientras terminaba su consabida y casi sagrada taza de café, una vez más fue interrumpida por una excitada Adriana:

–¡*Cuarto secreto!*, ¡*Cuarto secreto!*, ¡Juliana!, ¡Fabián! Favor de reportarse inmediatamente a la sala –gritó, mientras reía por haber tenido la osadía de llamar a sus padres por su primer nombre.

Ambos se encontraron con su hija en el lugar que ella escogió, listos para el próximo secreto.

–¡Eah rayos! –exclamó Adriana–. Creo que voy a tener serios problemas con este secreto.

–¿Por qué? –preguntó curioso Fabián.

–Pues porque el secreto se llama **«Conócete a ti mismo, sé congruente y no te compares»**. Yo nunca he pensado en eso… en quién soy. Además, debo confesar que siempre me estoy comparando con mis amigas y con mis artistas y atletas favoritas. Es más, yo ni sé qué es eso de ser congruente.

–No pasa nada –dijo Juliana, escondiendo su interés particular por lo que pudiera revelarle ese secreto, en este preciso momento tan crítico–. Vamos a ver de qué se trata este.

Como de costumbre, Adriana comenzó a leer:

Los seres humanos tenemos que entender algo muy importante. Cada uno de nosotros es único. Aunque tengas una hermana gemela, idéntica, será distinta a ti. Es posible que seas muy similar a alguien, que compartan valores similares, que tengan intereses en común y una visión del futuro muy parecida, pero nunca serán como dos gotas de agua. Todos, repito, todos los seres humanos son diferentes, con cualidades y características únicas. No solamente somos únicos, sino que somos irrepetibles; no ha existido, ni existirá nunca, alguien exactamente como tú. Así de especial eres. Me costó mucho entender esto porque, como crecí en un ambiente de pobreza económica, recuerdo compararme con otros niños que tenían más juguetes, mejor ropa y mejores zapatos deportivos que yo. De adolescente, me comparaba con otros en todo: estatura, peso, cabello, color de ojos, musculatura, las notas en la escuela, mis fracasos con las chicas, mis habilidades deportivas... sencillamente, en todo. Sufrí mucho por eso. Fue entrada mi adultez que me di cuenta de que yo era simplemente, yo: Gonzalo, el único que existe en el mundo. «The One and Only», dirían los norteamericanos. En esa etapa de mi vida, me di a la tarea de conocer quién era realmente y cuáles eran mis verdaderas fortalezas y, por qué no, mis debilidades. (Aunque ahora tratan de esconderlas llamándolas «áreas de oportunidad». Yo encuentro eso absurdo; son lo que son: debilidades, y no tiene nada malo tenerlas y reconocerlas).

Cuando descubrí cuáles eran, me sentí no solo liberado, sino aliviado y extremadamente feliz. Conozco muy bien que existen estudios científicos que concluyen que las personas que conocen sus fortalezas son más felices que aquellos que no las conocen. Puedo decir que a partir de ese momento ya sabía quién era. Conocí lo bueno, lo malo y lo feo, «the good, the bad, and the ugly» de Gonzalo Guevara y me sentí poderoso y en control de mi vida.

Con el tiempo me di cuenta de que existe una tendencia entre los seres humanos de concentrarnos en –y destacar más– las debilidades propias y las de los otros, que nuestras fortalezas. **Es impresionante cómo la mente humana gravita inevitablemente hacia lo negativo.** Por eso dije desde el principio que no es tarea fácil ser feliz. **Es una decisión que requiere trabajarse todos los días porque la mente intentará arrastrarnos hacia la oscuridad.**

Siempre recordaré que, cuando fui empleado, tuve un supervisor durante varios años que insistía en que yo debía conversar y compartir más con mis compañeros de trabajo. Ello, a pesar de que mis funciones requerían absoluta concentración, sin distracciones, y exigían un alto grado de confidencialidad. Año tras año, recibía evaluación de sobresaliente en 9 de las 10 categorías que cubrían mi evaluación de desempeño. Sobresalía consistentemente en áreas como producción, asistencia y puntualidad, conocimiento del trabajo y calidad del servicio. Sin embargo, en nuestras reuniones para discutir los resultados de la evaluación, aquel supervisor siempre destacaba que debía mejorar mi comunicación y no me hablaba de las otras nueve categorías. Nunca lo entendí y no le presté mucha atención porque no me afectó en nada, pero siempre me llamó la atención su insistencia en ese punto. En lugar de destacar lo positivo, que claramente se encontraba en 9 de las 10 categorías, él insistía en destacar lo negativo. Era como pedirle al centro del equipo de baloncesto que mejore su tiro de 3 puntos, a pesar de que promediaba 30 puntos por juego, dominando al adversario desde el área de la pintura. Desde esa época, me di cuenta de que Einstein tenía mucha razón al decir que todos somos genios «pero si juzgas a un pez por su habilidad de trepar un árbol, vivirá toda la vida pensando que es un inútil».

Años después, cuando me tocó a mí supervisar empleados en la empresa para la cual trabajé, me aseguré de no repetir el mismo error que cometieron conmigo y, siempre, me enfoqué en desarrollar a cada cual, a partir de sus fortalezas, en lugar de enfocarme en sus debilidades. Eso no significa que las áreas de oportunidad deben ser ignoradas o que no deban ser señaladas. Lo que sí significa es que ese no puede ser el punto de partida del proceso para desarrollar una persona y llevarla a alcanzar su potencial. Todavía hay muchas empresas que tienen que entender esto y comunicarlo a sus supervisores y gerenciales.

Conocerme me encaminó a identificar mis valores y, así, vivir mi vida de manera consistente con ellos. Ahora me doy cuenta de lo importante que es para todo ser humano tener claros cuáles son sus verdaderos valores. Solo de esa manera podrás vivir una vida plena con un propósito definido y una dirección claramente establecida. Las personas que viven la vida sin rumbo me recuerdan un pensamiento de Séneca que dice: «Ningún viento es favorable para quien no sabe a dónde va». Me resulta obvio que lo primero que debes tener claro es cuáles son esos valores que rigen tu vida. Pero ¿qué son los valores? En esencia, los valores son aquellas cualidades y principios que nos impulsan a actuar de determinada manera. Son esas virtudes que están incorporadas en cada persona que se convierten en la brújula que nos sirve de

Norte al momento de sentir, actuar y expresarnos. Algunos de ellos son, por ejemplo, la justicia, el respeto, la lealtad, la honestidad y el amor.

Para facilitarte la vida, al final de la discusión de este secreto he incluido un listado que, aunque no es exhaustivo, contiene muchos de los valores que permean en la consciencia de muchas personas. Por supuesto, puedes añadir otros valores que sean importantes para ti.

Identificados tus valores, y solo me refiero a los que de verdad te mueven y guían tus acciones, procede que te empeñes en vivir la vida en consonancia con ellos y te asegures de ser congruente. Sí, congruente. **Tiene que haber congruencia entre lo que piensas, lo que dices y lo que haces.** En otras palabras: tus acciones tienen que ir a la par con tus pensamientos y tus palabras. De no ser así, aunque nadie más lo sepa, estarás viviendo una farsa y sabrás que estás siendo hipócrita contigo mismo. Eso te conducirá, inevitablemente, al camino de la amargura, el descontento, y la infelicidad. Sencillamente, no te soportarás.

Una vez tienes claras cuáles son tus fortalezas, debilidades y valores, la misión de vivir congruentemente de acuerdo con ellos será mucho más fácil y entenderás, además, que no existe razón alguna para compararse con nadie.

Nunca me gustó aquel eslogan de una línea de ropa deportiva que decía «*Be Like Mike*». Cada vez que dices: «Yo quiero ser como...» estás saboteando tu verdadera identidad, sacrificando tu originalidad y cercenando tu capacidad de ser creativo. Un baloncelista que quiere ser como LeBron o un cantante que quiere cantar como Lady Gaga o un autor que quiere escribir como Vargas Llosa son perfectos ejemplos de personas que han traicionado su esencia. Son personas que han olvidado que nacieron originales y han optado por convertirse en una mera copia. Cuando haces esto, te conviertes en una especie de zombi y serás un ser sin alma.

De la misma manera que nadie debe aspirar a ser otra persona, tampoco es saludable ni productivo que pases la vida comparándote con otros, como solía hacerlo yo. Tienes que entender que tu única competencia es con esa persona que te mira a los ojos cuando te paras frente al espejo todos los días. Tu competencia es contigo mismo y tu objetivo consiste en ser lo mejor que puedas ser cada día. Eso aplica a todas las facetas de tu vida: la de madre o padre, hijo o hija, amiga o amigo, profesional o, simplemente, vecinos del mismo barrio o la misma urbanización. En otras palabras, no se trata de ser mejor padre que tu vecino o mejor madre que tu compañera de escuela superior, se trata de ser un mejor TÚ de lo que fuiste ayer.

Ahora te voy a invitar a hacer unos ejercicios que te van a llevar a iniciar o a completar este importante proceso de conocerte, que a su vez será clave para que seas feliz. Estudia esta lista de valores y añade alguno que no esté incluido.

Listado de valores		
abundancia	educación	pesimismo
adaptabilidad	elegancia	placer
alegría	empatía	poder
amabilidad	entusiasmo	popularidad
amistad	espiritualidad	privacidad
amor	espontaneidad	prudencia
asertividad	estabilidad	reconocimiento
autocontrol	excelencia	respeto
autorrespeto	éxito	sacrificio
belleza	fama	salud
caridad	familia	seguridad
compasión	generosidad	superación
compromiso	gratitud	tranquilidad
conexión	humor	valentía
confianza	inspiración	verdad
congruencia	justicia	voluntariado
creatividad	lealtad	
curiosidad	modestia	
determinación	optimismo	
dignidad	perfección	
dinero	perseverancia	

Revisa esta lista de valores, con calma y sin prisa, escoge 15 que te representen y anótalos.

1. ....
2. ....
3. ....
4. ....
5. ....
6. ....
7. ....
8. ....
9. ....
10. ....
11. ....
12. ....
13. ....
14. ....
15. ....

Ahora, reduce la lista a diez.

1. ....
2. ....
3. ....
4. ....
5. ....
6. ....
7. ....
8. ....
9. ....
10. ....

Finalmente, y ahora viene lo más difícil, redúcela a cinco y anótalos en orden de importancia. ¡Piénsalo bien! Esos son los valores que tú mismo has decidido que guiarán tu vida de ahora en adelante. Nadie los puede decidir por ti.

1. ....
2. ....
3. ....
4. ....
5. ....

Ahora haz una lista de tus fortalezas y tus debilidades. Enumera todas las que se te ocurran, sin limitarte. Cuando termines, repasa bien la lista y depúrala hasta que estés seguro de tus contestaciones.

Si lo haces bien, este ejercicio toma tiempo y puede parecerte un poco tedioso y hasta aburrido. Sin embargo, es esencial para que te conozcas y puedas explotar tus talentos, tanto en tu vida personal como en la profesional.

Ahora voy a proponerte algo más, pero solo si quieres elevar a otro nivel este proceso de autoconocimiento. Si es tu caso, te reto a que ejecutes este próximo ejercicio. Debo advertirte que esto es recomendado solo para los fuertes de espíritu; aquellos que están dispuestos a recibir críticas constructivas y a analizar desapasionadamente las observaciones que vienen de terceras personas. Quedas advertido de que puedes recibir información que te sorprenda, alguna que no te guste e incluso que te moleste. Si luego de esta advertencia, te atreves a seguir adelante, sigue las instrucciones que aparecen a continuación, pero antes déjame explicarte por qué te propongo este ejercicio.

Todos tenemos un espejo en el cual nos miramos diariamente y nos refleja una imagen de nosotros mismos. Lo que ocurre es que esa imagen del espejo suele estar distorsionada como en un espejo de circo. Por lo tanto, puede reflejar una imagen de nosotros, distinta a la que perciben los demás. Si esta es tu realidad, quizás vas a confrontar un obstáculo para lograr la congruencia de la que hablamos en párrafos anteriores. Para confrontar esa opinión que tienes de ti con lo que ven los demás, aquí van las instrucciones para este ejercicio enriquecedor:

1. Escoge un número no menor de cinco personas, ni mayor de siete. Estas deben conocerte bien y, preferiblemente, haber estado relacionadas contigo durante los pasados tres años. Puedes escoger compañeros de trabajo, de escuela superior, familiares (incluyendo tu cónyuge o pareja sentimental), socios de negocios y hasta vecinos. Lo ideal es que provengan de diferentes ámbitos de tu vida y que te conozcan bastante bien.

2. Prepara una hoja como la que te presento más adelante y entrégasela dentro un sobre a cada una de las personas que escogiste. Todos los sobres deben ser iguales para que no los puedas identificar cuando los recibas de vuelta. Pide a las personas que contesten de manera sincera, honesta y detallada, todas las preguntas que hay en las hojas que están dentro del sobre. Cuando terminen, deberán devolverlas en el mismo sobre, debidamente sellado y sin identificar. Espera a recibirlas todas para abrirlas y leerlas al mismo tiempo.

3. Ahora, con la mente bien abierta, sin molestarte por las posibles respuestas que vas a recibir, compáralas con lo que definiste que son tus valores, tus fortalezas y debilidades. ¿Coinciden con tu autoevaluación? No te sorprendas si te sorprenden las respuestas.

Debo aclarar que, aunque soy un fiel creyente de que lo que otras personas piensen de mí no es de mi incumbencia, me gusta este ejercicio porque te «aterriza», al revelarte lo que estás proyectando a tu entorno, que quizás no coincide con tu autoevaluación. Debes analizar cuidadosamente las respuestas y evaluar qué ajustes podrías hacer para ser percibida como la persona que realmente eres.

Fortalezas	Confiabilidad	Nivel de respeto y empatía
Oportunidades	Capacidad de escuchar	Capacidad de comunicar

Si llegaste hasta aquí, estás bien encaminado, pero te toca culminar este proceso con un arma muy valiosa utilizada por los «coaches» a nivel internacional, incluyendo a mi «coach». Les cuento que mi «coach» es una mujer maravillosa que encontró su verdadera misión en la vida y renunció a su exitosa carrera profesional para dedicarse a lo que le apasiona y ser verdaderamente feliz.

–¡¿Mi «coach»?! –preguntó Juliana asombrada–. Me acabo de enterar de que Papabuelo tenía «coach». No sé si reírme o molestarme –dijo reflejando un tono de incomodidad con la noticia.

–¿Por qué te vas a molestar? Pues, tenía un «coach», ¿y qué pasa, chica?, ¿por qué tenías que saberlo? Actúas como si él hubiera tenido el deber de decírtelo todo.

–Ay, Fabián, no me provoques. Era mi abuelo y no el tuyo. No te metas en lo que no te incumbe. Esto es entre él y yo. Para colmo, es obvio que su «coach» fue Camila. No puedo creer que ninguno de los dos me lo dijera.

–Pues sabes qué, Juliana, sí, me incumbe; no solo por la relación que tuve con Papabuelo hasta el día de su muerte, sino porque aquí estamos los tres, tratando de aprender de él. No entiendo tu actitud y mucho menos ese tonito hostil con el que me hablaste, sin necesidad, creo que fue totalmente inmerecido, tanto para mí como para

Adriana. No sé qué te está pasando, pero nosotros no tenemos la culpa.

Juliana vio la mirada triste y de preocupación de Adriana y decidió dejar el asunto ahí. Entonces, procedió a seguir leyendo.

«¡Ay, mírala! Tan posesiva y celosa mi nena. Ahora resulta que se supone que yo le contara todos los detalles de mi vida. ¡Qué muchachita esta! Si supiera todos los que me llevé conmigo... ¡Jaaaaaa!».

Te presento **«La Rueda de la Vida»**. Sirve para poder visualizar, de una forma gráfica, el nivel de satisfacción que cada uno de nosotros tiene con respecto a distintas áreas de la vida.

Si te interesa explorar profundamente tu estado actual, debes utilizar esta herramienta como punto de partida para tu jornada de autoevaluación y redescubrimiento de tus fortalezas y, también, tus áreas de oportunidad y desarrollo.

Algunas de las áreas que se han incluido en la rueda, tomando como base la original de Paul J. Meyer, son: salud, familia, social, ocio, carrera profesional, bienestar mental y financiero, relaciones interpersonales, amor y espiritualidad. Sin embargo, puedes añadir otras áreas en tu rueda, ya que es un asunto muy personal. Solo tú sabes con certeza cómo te sientes en cada una de esas áreas.

En internet encontrarás varios modelos de la rueda, pero, si así lo deseas, puedes crearla y hasta hacerla a mano, de tu puño y letra. Lo importante es que sigas estos pasos en el proceso:

1. Saca tiempo para hacer este ejercicio correctamente. Ubícate en un espacio de paz, en silencio, donde te puedas concentrar.

2. Decide en cuántas áreas vas a dividir la rueda.

3. Dibuja un círculo en una hoja de papel y ponle un punto en el centro. Luego, divídelo en cuantas partes hayas decidido hacerlo, tirando líneas que crucen el círculo de lado a lado pasando por el punto. Sugiero ocho triángulos, pero la decisión final dependerá de cuántas áreas de la vida hayas decidido evaluar.

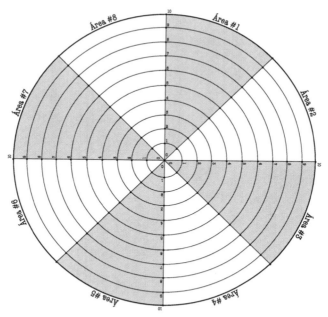

4. Asigna un valor a cada área de tu vida. Te propongo que la escala sea del 1 al 10 para dar espacio a diferenciar entre una y otra.

5. En cada área, colorea el triángulo hasta el número que representa el valor de esa área. Esto se puede hacer de manera bien sencilla, pero es más divertido si utilizas distintos colores por área.

¿Qué hacer después?

6. Identifica primero las áreas de mayor satisfacción y analiza las razones por las cuales las identificaste así. Pregúntate: ¿Qué hago para sentir satisfacción en esa área?

7. Haz lo mismo con las tres áreas en las que menos satisfacción tienes y repite el ejercicio mencionado arriba.

8. Establece un plan de acción efectivo para lograr que esa rueda fluya sin mucho esfuerzo. ¿Qué nuevos hábitos vas a insertar a tu rutina diaria?, ¿qué hábitos vas a abandonar para mejorar esa puntuación? Comprométete con ese plan por tres meses y vuelve a hacer la rueda, sin mirar la anterior. Entonces, compáralas, pero no te pongas mucha presión; no esperes resultados mágicos. Esto es un proceso que toma tiempo. ¡Lo mejor es que ya empezaste!

Juliana sintió que este secreto y, específicamente, el ejercicio de la rueda de la vida era algo que tenía que trabajar inmediatamente. No podía ser casualidad que en ese preciso momento hubiese aparecido este instrumento como caído del cielo.

–Vamos a pararlo aquí –dijo Juliana–. Quiero hacer mi rueda de la vida inmediatamente. Me excusan.

Y así, sin más, le dio un beso en la frente a Adriana, ignoró a Fabián y se encerró en la habitación que se había convertido en su oficina dentro de la casa.

Adriana y Fabián se quedaron perplejos.

–¿Qué le pasa a mami? –preguntó preocupada la joven.

–Nada Adri. Parece que se entusiasmó con la rueda de la vida. Vamos a darle espacio. –Así lo hicieron y decidieron irse cada cual a atender sus asuntos cotidianos.

Juliana no podía parar de llorar mientras completaba su rueda de la vida y observaba los resultados. Estaba contestando de la manera más honesta que podía y el resultado se mostraba muy doloroso, aunque ella entendía que era el momento perfecto para hacer el ejercicio y enfrentarse a su realidad. En ese momento, mirando fijamente su rueda, entendió el poder de esta herramienta de autoevaluación.

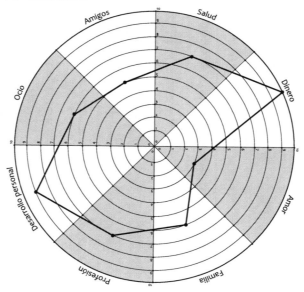

¡Qué horror! –pensó–. *Lo menos que parece es una rueda. Ya entiendo por qué estoy así.*

Esa noche, Juliana durmió, o más bien, intentó dormir en el sofá cama de su oficina, a pesar de las insistencias de Fabián para que regresara a la habitación. Necesitaba espacio para organizar sus pensamientos. Pasó toda la noche en vela tratando de revisar su rueda de la vida, pero el resultado era el mismo. No se trataba de un error suyo al asignar las puntuaciones, sino un reflejo de la realidad que estaba viviendo. Pasó mucho trabajo tratando de aceptarlo. Sin embargo, repasó los secretos anteriores para tenerlos frescos en su mente, abrazó su rueda de la vida y decidió aceptarla y fluir.

Era inútil combatir un resultado que provenía de su propia introspección porque eso sería mentirse o tratar de engañarse ella misma, lo cual produciría consecuencias catastróficas en su plan para el futuro y su vida. Por el contrario, decidió asumir responsabilidad por su estado actual, sin señalar a terceros que no tenían culpa de nada, mucho menos Fabián y Adriana.

Recordó que, subsumido dentro de los secretos contenidos en el cuaderno de Papabuelo, había **un principio elemental en el cual se anclan todos los demás secretos para ser feliz: cuídate y ámate a ti mismo.** Lejos de ser un principio egoísta, como le podría parecer a muchos, para poder ser agradecido, perdonar, conocerte y no tener la necesidad de compararte, primero tienes que cuidarte, aceptarte y amarte a ti misma, tal y como eres. Sin lograr esto, no podrás ayudar a nadie. Este principio se parece a las instrucciones que dan los pilotos y asistentes de vuelo, con respecto a las mascarillas de oxígeno, antes de despegar un avión; nos dicen que antes de ayudar a tu hijo a ponérsela, te pongas la tuya. Ahí lo tienes, es obvio que hasta en lo más sencillo, para ayudar a los demás tienes que cuidarte tú primero.

Con ello en mente, Juliana hojeó desesperadamente las próximas páginas del libro y leyó los próximos secretos. Como no podía dormir, tampoco pudo esperar. El *Quinto secreto* resultó ser un *wake-up call* porque, si lograba aplicar a su vida lo que allí dice Papabuelo, podría tomar control de muchas cosas.

«¡Desesperadita mi nieta!, ¿aaah? Aunque me hubiese gustado que lo leyera con Fabián y Adriana, me alegra ver que le dejé unas enseñanzas valiosas que ella ha encontrado, al menos, interesantes. Si es así, valió la pena escribir».

NACISTE ORIGINAL
Y ÚNICO,
NO INSISTAS
EN CONVERTIRTE
EN UNA COPIA.

QUINTO SECRET8

VIVE EL PRESENTE

l otro día, Juliana confesó su indiscreción a su esposo e hija y se excusó. Al mismo tiempo, aprovechó para explicarles por lo que estaba pasando. Afortunadamente, ambos fueron muy empáticos con ella y, lejos de molestarse, la apoyaron incondicionalmente y sin juzgarla. Juliana lo agradeció y les pidió que continuaran con la lectura mientras ella completaba un plan de acción que había comenzado a plasmar en su «laptop».

Esta vez Fabián fue quien leyó.

El cerebro humano es un órgano fascinante por muchas razones. A través de miles de años, ha evolucionado mucho, en parte gracias a lo que hoy conocemos como el proceso de plasticidad cerebral o, como comúnmente se le conoce, «neuroplasticidad». Sí, así mismito, neuroplasticidad. *¡Qué erudito parezco cuando hablo así!, ¿verdad? ¡Jaaaaa!* Pero, en realidad, es algo sencillo: es la capacidad que tiene el cerebro para recuperarse, restructurarse y adaptarse a nuevas situaciones. Los que saben de este tema dicen que hay más de 85,000 millones de neuronas en nuestro cerebro. En fin, es una supercomputadora capaz de procesar un enorme caudal de información al mismo tiempo. Pero bueno, te preguntarás por qué traigo toda esta información científica. Te confieso que esa es mi manera de dejarte saber que el cerebro humano es capaz de tener cerca de 50 pensamientos por minuto, lo cual se traduce en unos 72,000 pensamientos diarios.

Sí, ya sé, todavía no entiendes para qué te estoy hablando de esto, pero te prometo que ahora mismo lo vas a entender. Con más de 70,000 pensamientos al día es muy difícil poder vivir el presente, tal y como lo sugiero en este secreto. Es difícil, lo admito, pero no es imposible. Para lograrlo será necesario dominar y entrenar tu mente.

Lo primero que debes internalizar es que, en realidad, solo existe el presente, punto. El pasado no existe porque ya ocurrió y el futuro no existe porque no ha ocurrido. Este concepto lo explica muy bien Eckhart Tolle en su libro «The Power of Now». La manera en que lo hace me parece muy acertada, pero te advierto que es muy posible que tengas que leer la explicación más de una vez para asimilar bien su teoría.

«Nada ha ocurrido nunca en el pasado, ocurrió en el ahora. Nada va a ocurrir en el futuro, ocurrirá en el ahora. Lo que catalogas como el pasado, no es otra cosa que un rastro de memoria guardada en tu mente, es un pasado "ahora". El futuro es un "ahora" imaginario, una proyección de tu mente. Cuando el futuro llega, llega en el "ahora". El pasado y el futuro no tienen realidad propia. Su realidad es tomada prestada del "ahora"».

–¡Espérense un momentito! –interrumpió con un grito una desesperada Adriana, mientras se ponía de pie abruptamente–. ¿Cómo que no existe ni el pasado ni el futuro?, ¿se volvió loco Papabuelo haciéndole caso a este tipo? ¡Ya! ¡No voy a escuchar más porque esto es un disparate!

«¡Yo sabía que algo así podía pasar con cualquiera que lea esa definición! Por eso es que advertí que, probablemente, tendrías que leerla más de una vez antes de poder evaluarla desapasionadamente. Lo que me sorprende es lo molesta que está Adriana, ¡jaaa ja! ¡ja! ¡Ay, mija, saliste igual de brava que tu madre! Vamos a ver cómo manejan esto».

–Suave, Adri, ¡cálmate! –dijo Fabián conteniendo la risa que le provocó aquel exabrupto de su hija–. Yo también tuve una reacción similar a la tuya, pero creo que ya entendí el concepto del «ahora».

—Pues a mí no me trates de convencer de semejante disparate. Es obvio que el pasado existió porque si no, yo no recordaría claramente a Papabuelo; y es obvio que el futuro existe porque si no, yo no tendría planes para el próximo año escolar, cuando entre en la escuela superior. A mí no me vengan con ese cuento.

—Déjame ver si puedo explicarte con ese mismo ejemplo de Papabuelo que me das. ¿Recuerdas la última vez que lo visitaste en el hogar?, ¿cuándo ocurrió eso? —dijo Fabián.

—Pues creo que hoy hace exactamente cuatro años y medio.

—Bien. Ese día que lo viste, ¿recuerdas si era el presente, el pasado o el futuro?

Adriana, en un tono burlón, molesta con lo que le parecía una pregunta sin sentido, contestó —El «presente», papi, el «presente».

—¡Exactamente! Ahí lo tienes. Ese es el punto que quiere probar Papabuelo. Todo lo que tu mente recuerda como el pasado, en realidad fue el presente cuando ocurrió. Por eso es que Tolle dice que todo ocurre solamente en el presente, en el ahora. Nada ocurre en el pasado ni en el futuro.

Adriana miró a su padre con un aire de incredulidad, pero decidió no insistir en su postura, por el momento.

De todos modos, no quería aceptar que la propuesta de Tolle ya comenzaba a tenerle sentido.

–Voy a seguir leyendo, a ver si esto mejora –dijo orgullosa, rescatando el libro de las manos de su papá y sin ceder una pulgada en cuanto a su postura sobre el tema.

Confío que no te hayas mareado con este juego de palabras entre «pasado» «presente» y «futuro»; añadiéndole el «ahora», para complicarlo más. Como te adelanté, es posible que necesites volver a leer la cita de Tolle para poder asimilar bien el concepto. Después, cada uno decidirá si lo adopta o no. De lo que yo sí estoy convencido es que vivir el presente es esencial para ser feliz. Añado lo siguiente: **Nadie puede ser feliz en el pasado y nadie puede ser feliz en el futuro.**

Fíjense que no es solo Tolle quien enfatiza en la importancia de vivir el presente. En su libro «Diez secretos para ser feliz», Augusto Cury nos dice: «El pensamiento anticipatorio es otro gran verdugo de una vida feliz (...) sufrimos todos los días por cosas que todavía no han sucedido. Más del 90% de los monstruos que creamos nunca se harán reales, pero somos especialistas en generarlos». A las personas que se dedican a esto último, la reconocida psicóloga y conferenciante chilena, Pilar Sordo, los llama «anticipadores de desgracias». ¡Me encanta esa descripción!

Si todavía no me compras este secreto, comparto contigo un pensamiento del Dalai Lama quien dice que el estrés y la ansiedad, con frecuencia provienen de mucha expectativa y demasiada ambición. Cuando no se cumplen nuestras expectativas o cuando no alcanzamos lo que ambicionamos, experimentamos frustración. Desde el principio, se trata de una actitud egocentrista.

En resumen, yo estoy convencido del poder de vivir en el presente. Por eso, traigo ante tu consideración otra expresión de Pilar Sordo que dice que la depresión es producida por un exceso de pasado y la ansiedad por un exceso de futuro. Esa sencilla explicación es para mí muy contundente y, sobre todo, convincente, a pesar de que reconozco que son muchas las complejidades de un diagnóstico de depresión o de ansiedad.

—Así de fácil, ¿verdad? –interrumpió desde la sala, Juliana en tono sarcástico.

«¡Oh, oh! Mi Julianita todavía está molesta conmigo. ¡Qué genio, Dios mío!».

Era obvio que todavía estaba herida por el descubrimiento de que Papabuelo había tenido una «coach» de la que nunca se enteró. Aunque reconocía que esa reacción era una niñería de su parte, no podía evitar sentir que Papabuelo, una vez más, le escondió un detalle muy importante de su vida.

–Juliana, tienes que cambiar tu «mindset». Así no puedes internalizar y hacer tuyos estos secretos de Papabuelo y mucho menos compartir el proceso con nosotros –dijo Fabián en un tono firme, pero demostrando empatía hacia Juliana.

–¿Sigo leyendo? –preguntó Adriana un poco sorprendida con la intensidad de la interacción entre sus padres–. Me parece que ahora viene una explicación.

–Sí, mi amor –alcanzó a decir Juliana, mientras lanzaba una inmerecida mirada desafiante a Fabián. De inmediato, consciente de que él no tenía que pagar los platos rotos, se dio cuenta de lo impropio de su actitud y se le acercó para darle un tierno beso y sentarse en su regazo para escuchar el resto del secreto.

Te estarás preguntando cómo podemos lograr esto de vivir en el presente. Suena fácil cuando lo dices, pero cuando tu cabeza no para de pensar (¿recuerdas los 70,000 pensamientos diarios?), parece ser un gran reto esto de vivir en el presente. Es por eso que una de las más efectivas estrategias para lograrlo es la «práctica de la atención plena», mejor conocida por todos nosotros cómo «mindfulness». Como sabrás, este término está en boca de todos desde hace unos años a pesar de que, en realidad, no es nada nuevo. De hecho, el concepto ha existido desde hace siglos, por no decir milenios. Lo que ocurre es que, ante los más recientes acontecimientos que han impactado al mundo, más y más personas están abrazando esta práctica para poder enfocarse en el presente y ser felices, reduciendo sus niveles de estrés, ansiedad y depresión.

Existen muchas definiciones de lo que es la «práctica de atención plena», puedes escoger la que más te guste. Para mí la atención plena no es otra cosa que la capacidad que tenemos de concentrarnos en el momento en que estamos viviendo y ser conscientes del mismo, sin emitir juicios de clase alguna y sin distraernos con alguno de esos 70,000 pensamientos. **¿Recuerdas cuando te dije que tienes que controlar ese diálogo interno?** Pues, aquí el tema vuelve a ser relevante.

Por supuesto, dominar esta práctica toma tiempo. Para lograrlo, lo más importante será la constancia. Tienes que desarrollar el hábito y establecer una rutina de practicar todos los días. Empieza con poco tiempo (solo un minuto). Poco a poco, irás aumentando el tiempo, pero debes ir a tu propio paso. No te apresures, ni te frustres si te da trabajo porque, ¿sabes qué?: te va a dar trabajo al comenzar. Reconocer esto, te ayudará a no desanimarte durante esos primeros días. Sobre todo, recuerda no compararte con esa amiga que te dijo que ella puede hacerlo por una hora: camina tu propio sendero. El camino lo haces tú.

Con esto en mente, te voy a proponer un ejercicio de respiración bien sencillo que te va a servir para estrenarte en este mundo del «mindfulness»:

1. Busca un lugar en donde no vayas a tener interrupciones y en el que no haya mucho ruido (aunque tampoco tiene que ser un lugar donde haya silencio absoluto).
2. Colócate en una posición cómoda (no necesariamente tiene que ser una de esas que has visto en los libros de yoga o meditación, a eso llegarás después), preferiblemente con la espalda recta y los pies plantados en el suelo.
3. Si te resulta cómodo, cierra los ojos, pero puedes hacerlo con los ojos abiertos o semiabiertos.
4. Toma una respiración lenta y profunda por la nariz. Aspira lentamente hasta que sientas tu abdomen llenarse y, entonces, aguanta el aire por cinco segundos.
5. Deja salir el aire por la boca, lentamente, contando otros cinco segundos.

6. Pausa.

7. Permite que tu cuerpo suelte la tensión y se relaje. Siente los músculos de tu cabeza y hombros relajarse. Deja caer los hombros y los brazos sin poner resistencia. Ahora presta atención a tu próxima respiración. Enfócate en el aire caliente que va llenando tus pulmones y siente tu abdomen hincharse mientras visualizas el aire entrar a tu cuerpo.

8. Repite ese proceso todas las veces que te sea posible, siempre y cuando te sigas sintiendo cómodo con lo que estás haciendo.

9. En caso de que algunos pensamientos te «ataquen», no te molestes ni los contraataques. Esto es perfectamente normal, incluso, me sorprendería si no te ocurriese. Simplemente, reconoce que están ahí y déjalos ir. Entonces, regresa a tus respiraciones y concéntrate en el proceso interno que está ocurriendo en tu cuerpo.

Oye, ten claro que yo no soy un gurú de la meditación y tengo que advertirte que esto no es una receta mágica, ni representa lo que es el «mindfulness» en su totalidad. Sin embargo, te aseguro, por experiencia, que es un gran comienzo. Igualmente, te garantizo que si la haces formar parte de tu rutina diaria, esta práctica te conducirá por el camino correcto en tu intención de aprender a dominar tu mente y tus emociones. En consecuencia, te encaminará a ser feliz.

–Pues a mí me convenció nuestro viejito. Voy a empezar a vivir el presente y el ahora. Por ejemplo, ahora mismo te voy a dar una pela de besos –dijo Fabián a la vez que se abalanzaba sobre Adriana, quien recibió gustosamente la amenaza de su padre. Mientras este intercambio ocurría, Juliana permaneció callada y distante, sumergida en sus pensamientos.

–Espera, papi, que no se ha acabado la discusión del secreto –señaló Adriana.

Si llegaste hasta este secreto, salvo que estés procrastinando, ya debes haber puesto en práctica algunos de mis trucos para lograr ser feliz. Si es así, estás un paso adelante porque, aunque no te hayas dado cuenta, te estabas preparando para vivir el presente. Además de la práctica del «mindfulness», ya debe haber comenzado tu diario de gratitud (Primer secreto). Ese diario te servirá también para enfocarte en el presente porque te obliga a pensar en las cosas por las cuales quieres agradecer, todos los días. Recuerda, solo tienes que agradecer por dos o tres cosas y escribir dos o tres líneas. Con eso basta. Como ya te dije, no quiero que conviertas este maravilloso ejercicio en uno tedioso y provocador de estrés. Mantenlo sencillo para que sea parte de tu vida.

Hay dos prácticas más que te ayudarán a mantenerte en el presente: perdonarte y soltar esos remordimientos que te anclan en el pasado y que no te permiten progresar ni ser feliz. Cuando sueltas esas trabas, te das permiso a mirar tu realidad actual, a tu presente.

Ahora es el momento de tomar un paso decisivo, un paso dramático, pero muy efectivo en este proceso de soltar esos remordimientos que tanto te amarran. Te invito a que te escribas una carta en la que reconozcas esos remordimientos, culpas y arrepentimientos que cargas en tu alma y que te perdones. Te aseguro que esto te liberará. Como siempre estoy buscándole el lado positivo y gracioso a las cosas, cuando alguien me pregunta «cómo puedo rebajar», siempre le digo: «Perdona». Lo digo porque el perdón tiene el efecto de aliviar tus cargas y liberarte de ese peso extra que has decidido añadir a la mochila de emociones con la que cargas. En el *Tercer secreto* hablamos del poder de perdonar a otros. Es hora de perdonarte a ti.

Mientras más personalizada y específica sea la carta, mejor. Escribe la fecha en que te estás perdonando en la carta. Para que no pienses que estoy predicando la moral en calzoncillos, y para ayudarte en este ejercicio que puede resultar muy intenso para algunos, te dejo un fragmento de la carta que me escribí a mí mismo hace algún tiempo.

«Querido Gonzo:

Todavía guardo en mi mente cómo fallaste muchas veces como esposo, padre y amigo. Algunas cosas que hiciste y otras que dejaste de hacer, le hicieron daño algunos de tus seres más queridos, a pesar de que esa nunca fue tu intención. Específicamente, recuerdo cuando... (¡esto no se los voy a decir, ¡Jaaaaa!)

Gonzo, te escribo para decirte que hoy, 1 de enero de 2015, yo te perdono de todo corazón; te perdono todas tus fallas, sin condiciones ni reserva alguna, reconociendo que tú y yo somos imperfectos. Confío en que con este perdón que te regalo, puedas seguir hacia adelante sin mirar atrás y logres ser una persona plenamente feliz.

Sinceramente,
Gonzo»

¡Uf! Recuerdo el momento en que escribí esta carta. Estaba estancado en un lugar muy oscuro en el cual había entrado sin darme cuenta. Recuerdo que hablé con mi querida «coach», quien me acompañó a encontrar la salida, a través de lo que llaman preguntas poderosas. Aún hoy, no sé si hubiese podido salir de ahí sin su fiel acompañamiento.

Por supuesto, como te podrás imaginar, hay alguien que, de acuerdo con mi fe cristiana, siempre me acompañó. Es a quien doy gracias al abrir los ojos por la mañana y a quien le ofrezco mis oraciones al acostarme. Es a quien le pido en mis momentos más difíciles y quien me sostiene cuando pienso que no puedo más. Practicar mi fe de manera individual y colectiva ha sido clave para mantener la felicidad como algo constante en mi vida. Creo fielmente que sin mi profunda fe en Dios no hubiese podido superar muchos obstáculos y lograr una vida plena. Hace muchos años lo reconozco como mi roca y, a su hijo, Jesucristo, como mi salvador.

Practicar la espiritualidad es clave para ser feliz. No pienses que te estoy adoctrinando, porque no es así. Yo te hablo de mi manera de practicarla, pero reconozco que cada cual lo hace a su manera. No tienes que ser cristiano, judío o de alguna otra religión o denominación para practicar y cultivar tu espiritualidad. De hecho, puedes ser agnóstico o ateo y eso tampoco será un obstáculo, y mucho menos una excusa para no conectarte con el Universo y los seres de luz que te rodean. Hazme caso y te aseguro que darás un gran paso en el camino de la felicidad.

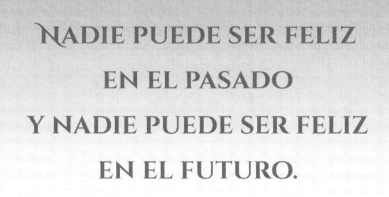

NADIE PUEDE SER FELIZ
EN EL PASADO
Y NADIE PUEDE SER FELIZ
EN EL FUTURO.

SEXTO SECRET8

ACÚMULA EXPERIENCIAS Y PENSAMIENTOS POSITIVOS

·∞·

Juliana, ya fortalecida y encaminada en el proceso que entendía la llevaría a reencontrarse con su esencia, se dirigió a sus compañeros de aventura:

–Fíjense, esto de meditar no es tan complicado como pensé. Digo, creo que solo logré aclarar mi mente durante un minuto corrido, pero algo es algo. Voy a seguir tratando todos los días porque me sentí muy bien. ¿Me permiten leer el *Sexto secreto*? Ya saben que hice una trampita y lo leí, pero quiero compartirlo con ustedes.

–Dale, mami –dijo Adriana, contenta al ver a su madre repuesta y con actitud positiva.

En su libro, «The Top Five Regrets of the Dying: A Life Transformed by the Dearly Departed»,

Bronnie Ware revela los principales cinco motivos de arrepentimiento de las personas en su lecho de muerte. Debo comenzar por dejar claro que jamás un paciente agonizante ha expresado que hubiese querido tener más tiempo para trabajar. ¡Ninguno ha dicho eso!

Por el contrario, **lamentan haber vivido la vida que otros esperaban de ellos y no la que ellos querían;** lamentan no haberse mantenido en contacto con sus amistades; lamentan no haber tenido la valentía de expresar sus sentimientos; se arrepienten de haber dedicado tanto tiempo al trabajo y, tristemente, lamentan no haberse permitido ser felices.

El mejor ejemplo contemporáneo que recuerdo en cuanto a este tema es una carta que se alega dejó escrita Steve Jobs, el multimillonario, cofundador de la compañía Apple, Inc., mientras reflexionaba sobre su vida, cuando ya el final era inminente. Debo dejar claro que la propia existencia de este documento ha sido cuestionada durante años. Sin embargo, para efectos de nuestra discusión he decidido tomarla por cierta, debido al poderoso mensaje que envía. Aclarado esto, me permito compartir con ustedes una traducción de algunos fragmentos de la alegada carta, que entiendo es bastante fiel a lo que se supone que fue la original:

«He llegado a la cima del éxito en los negocios. A los ojos de los demás, mi vida ha sido el símbolo del éxito. Sin embargo, aparte del trabajo, tengo poca alegría. Finalmente, mi riqueza no es más que un hecho al que estoy acostumbrado. En este momento, acostado en la cama del hospital y recordando toda mi vida, me doy cuenta de que todos los elogios y las riquezas de los cuales yo estaba tan orgulloso, se han convertido en algo insignificante ante la muerte inminente. En la oscuridad, cuando miro las luces verdes del equipo para la respiración artificial y siento el zumbido de sus sonidos mecánicos puedo sentir el aliento de la proximidad de la muerte que se me avecina.

Puedo llevar conmigo los recuerdos que fueron fortalecidos por el amor. Esta es la verdadera riqueza que te seguirá, te acompañará, te dará la fuerza y la luz para seguir adelante.

¿Cuál es la cama más cara del mundo? La cama del hospital. Si tienes dinero, puedes contratar a alguien para conducir tu auto, pero no puedes contratar a alguien para que lleve tu enfermedad en lugar de ti mismo.

Las cosas materiales perdidas se pueden encontrar. Pero hay una cosa que nunca se puede encontrar cuando se pierde: la vida.

Sea cual fuere la etapa de la vida en la que estamos en este momento, al final vamos a tener que enfrentar el día cuando la cortina caerá».

Sea o no cierto que ese texto proviene del corazón de Steve Jobs, la realidad es que la reflexión confirma, una vez más, que el dinero, por sí solo, no te hará feliz en la vida. **Así que ya sabes, salvo que quieras ser el mausoleo más visitado en el camposanto, controla tu apego desmedido al trabajo.**

Otro de los grandes mitos sobre la felicidad es pensar que, para poder declararte una persona feliz, tienes que estar sonriendo y de buen humor todo el tiempo, todos los días de tu vida. Pensamos que la felicidad es la ausencia de dolor, malos momentos y sufrimientos porque la vemos como un objetivo o como una meta, olvidando que es en el trayecto donde se encuentra la magia de la felicidad.

Es vital entender que la trillada expresión «el problema no es caerse, sino levantarse» es muy real. Quien no se ha caído es porque no ha tratado de caminar sino no levantarse. Lo que realmente importa es el no rendirse. ¿Alguna vez viste un niño saludable dejar de intentar caminar porque se cayó cien veces? Estoy seguro de que no. Sin embargo, estoy igualmente seguro de que has visto muchos adultos rendirse luego de una caída y renunciar a sus aspiraciones a la menor provocación.

Todo el que me conoció sabe que la música y el baile me encantaban y me hacían feliz, por eso escuchaba todo tipo de música y leía libros de todos los géneros. Momentos como esos en que escuchaba música me energizaban y me infundían una alegría indescriptible, sobre todo, si, además de escuchar la música, podía cantarla o bailarla. Algo tan simple como eso levantaba mi espíritu y mis ganas de vivir, aún en momentos difíciles. Por eso lo hacía frecuentemente y procuraba que los que me rodeaban también lo hicieran. Ahora, si podían coincidir una canción y una bailadita con un atardecer, entonces sí que tenían que ir a buscarme a mi Nirvana privado... ¡Jaaa ja ja!

Lo mejor era que yo podía trasladarme a un momento como ese que describí, todos los días de mi vida. Lo que hace falta es voluntad. **Tú puedes hacerlo también, si identificas aquello que te causa momentos de alegría y los provocas.** No esperes a que ocurran. Esto funciona muy parecido a una cuenta de banco: mientras más acumulas, más tienes. De igual modo, **mientras más momentos de alegría acumules, más probabilidades tendrás de ser una persona feliz.** A la vez que hablo de este tema, recuerdo una canción, compuesta e interpretada por Ricardo Arjona, que tiene entre su letra dos versos que me parecen muy pertinentes a esta discusión. Dice la canción que «las nubes negras también forman parte del paisaje» y le recomienda a quien le canta que «o aprendes a querer la espina o no aceptes rosas». A pesar de que este ejemplo parecería muy trivial, me parece perfecto para ilustrar la realidad de la vida. Ten claro que la vida está llena de contrastes: no hay luz sin oscuridad, ni silencio sin ruido; no hay victoria sin derrota, ni éxito sin fracasos; no hay alegría sin pena, ni risa sin llanto. Pensar lo contrario, te creará ansiedad, estrés y depresión porque no alcanzarás la felicidad si tu expectativa es estar alegre todo el tiempo, sin contar con las alzas y las bajas que te esperan. Por eso **es tan importante tener claro que felicidad no es lo mismo que momentos de alegría;** pero, la acumulación de muchos momentos de alegría, aunque sean pequeños, sin duda te encaminará a una vida feliz.

En igual sintonía, el reconocido psicólogo, Ed Diener, quien desarrolló el concepto de bienestar subjetivo, presentado en su libro *«Culture and Subjective Well-Being»*, sostuvo que la felicidad está más relacionada con la frecuencia de los sentimientos positivos que con la intensidad de los mismos. Es por eso que las personas, que en raras ocasiones sienten la euforia provocada por algún suceso, pueden reflejar altos niveles de bienestar si sus pensamientos y experiencias positivas son frecuentes y consistentes.

Hay que aprender a disfrutar las cosas simples de la vida. No hay que esperar a que lleguen grandes momentos, o que ocurran grandes acontecimientos; más bien, se trata de disfrutar lo sencillo, lo cotidiano. Aunque esto no significa que los eventos extraordinarios no son parte de ese cúmulo de experiencias positivas, al ser estos menos frecuentes, hay que tratar de enfocarse en la belleza de todo, en lugar de estar continuamente buscando destacar las imperfecciones y los defectos. Se trata de entender que hay belleza en lo imperfecto y que, quien quiere ser feliz, tiene que apreciar y abrazar la imperfección. **Tenemos que aprender a crear en nuestra mente un espectáculo maravilloso con lo que Dios nos regala diariamente.** Siempre recuerdo que, en mi infancia, mi madre solía tirarse en el césped junto a nosotros en una tarde soleada para contemplar las nubes. Aquel simple acto se convertía en un juego muy divertido en el cual cada uno señalaba una nube que parecía tener forma de algo. Ese algo podía ser una cara, podía ser un animal o una fruta. Para nosotros era divertidísimo, sobre todo, porque, en ocasiones, lo que alguien estaba viendo nadie más lo podía ver. Ello provocaba una risa contagiosa que nos llevaba a disfrutar el momento de manera muy especial y olvidarnos de lo que ocurría en el resto del planeta. La alegría de momentos como estos quedó marcada en mi corazón hasta décadas después. ¿Ves? Se trata de crear emociones extraordinarias con las cosas que nos parecen ordinarias.

Contemplar lo hermoso y buscarle la belleza a todo te hará una persona feliz y te asegura tener más momentos de alegría. Bello es un bebé intentando caminar antes de tiempo; bello es ver un perro callejero lamer la mano de quien le da comida; bello es escuchar el sonido de los pájaros en la mañana y apreciar el perfume de una flor, y bellos también son los ojos de una anciana que mira con ternura a sus nietos. De eso se trata. **Lo que ocurre es que estos momentos son tan obvios y están tan accesibles a nosotros que la mayoría de las ocasiones no los vemos.** Por eso el pensamiento del personaje universal creado por Antoine de Saint Exupéry, el Principito, siempre debe estar presente en nuestras vidas: «Lo esencial es invisible a los ojos». Pienso que por eso es que cerramos los ojos para concentrarnos, para soñar despiertos, para recordar y para besar con verdadera pasión y amor.

Curiosamente, todos los ejemplos de cosas hermosas que mencioné, los tenemos disponibles todos los días de nuestra vida y los puedes disfrutar gratuitamente; no hay que pagar un solo centavo.

Múltiples estudios confirman que las personas que aprenden a dominar el «arte de disfrutar» demuestran rasgos positivos de personalidad como, por ejemplo, tienen más confianza en sí mismas y están más satisfechas con su vida que quienes no se dan a la tarea de «disfrutar». La Dra. Sonja Lyubomirsky hace alusión a varios de ellos en su libro *La ciencia de la felicidad.*

Ahora te invito a contestar las siguientes preguntas:

¿Has pensado en qué te recarga? Piénsalo y anótalo abajo.

¿Cuándo fue la última vez que fuiste a la playa?

....

....

....

¿Cuándo fue la última vez que visitaste un bosque?

....

....

....

¿Cuándo fue la última vez que te sentaste a contemplar un amanecer o un atardecer?

....

....

....

Y ahora te hago una pregunta crucial que me hizo mi «coach» cuando comencé mi proceso: ¿Cuándo fue la última vez que hiciste algo por primera vez?

¡BUM! Ahí te dejo la pregunta que me marcó en mi primera sesión de «coaching».

....

....

....

....

....

—— ·∞· ——

¿CUÁNDO FUE
LA ÚLTIMA VEZ
QUE HICISTE ALGO
POR PRIMERA VEZ?

SÉPTIMO SECRET8

CULTIVA RELACIONES SALUDABLES Y EVITA LAS PERSONAS TÓXICAS

ranscurrieron varios días antes de que se reunieran nuevamente para retomar la lectura del escrito de Papabuelo. Juliana ya se sentía en control de su situación. Celebró con Fabián el haber podido tener su mente silenciada por casi dos minutos y le explicó entusiasmada el efecto sanador que la práctica del «mindfulness» estaba teniendo en ella. Le relató cómo el concentrarse en el aquí y en el ahora prometía ser la clave para impulsarse hacia el futuro y lo invitó a intentarlo.

Luego de su consabida taza de café, tomó el libro y reclamó su «derecho» a leer el último secreto.

–De esto yo sí sé. He tenido la dicha de estar rodeada de personas maravillosas que añaden valor a mi vida y me sirvieron de apoyo en mis momentos más difíciles.

También, como ustedes saben, he sido experta en mantener relaciones con personas que no solo me restan, sino que llegaron a mi vida a absorber mi energía, aprovecharse de mi generosidad y a utilizarme de algún modo. ¡Eso se acabó! Pero vamos a ver qué nos dice Papabuelo.

Miren, esto de ser feliz no debería ser tan complicado. De hecho, una de las claves para asegurar una felicidad duradera es nuestra capacidad de construir y cultivar relaciones saludables durante períodos extendidos de tiempo. Los que saben de esto, le dicen «social fitness» (aptitud social). Se refiere a nuestra habilidad de construir esas relaciones positivas y nuestra habilidad de responder de manera apropiada y efectiva, tanto en situaciones cotidianas como en las difíciles. Ese llamado «social fitness» es muy importante para conservar una salud mental saludable y, en general, para poder ser personas felices. Las personas que tienen esta habilidad muy desarrollada, como yo ¡Jaaaaa!, suelen ser personas con buena autoestima y seguridad en sí mismas. Se les hace fácil comunicarse efectivamente y pueden manejar muy bien los conflictos. Además, demuestran una mayor capacidad para manejar el estrés de manera efectiva. Por eso es que yo nunca tuve problemas en esta área, ni dejaba que el estrés me arropara. Yo hablaba hasta con las piedras y saludaba a todo el mundo, aunque no me reciprocaran el saludo. Así conocí mucha gente con quienes terminé compartiendo en muchas ocasiones y con quienes disfruté mucho mi vida. ¡La verdad es que siempre fui un tipo supersimpático, jaaaaa!

Es por eso que debes actuar de manera intencional cuando estés tratando de desarrollar relaciones positivas que cambiarán tu vida para bien. Ese círculo de amistades y relaciones será muy importante para proteger tu bienestar, tu salud mental y tu felicidad. Ten presente siempre que la cantidad de relaciones nunca será tan importante como la calidad de las mismas. A veces es mejor tener 4 pesetas que 20 vellones. Aquí te dejo algunos consejos para ayudarte en esta misión:

1. **¡Escucha activamente!** Esta es una destreza que todo «coach» tiene y que deben desarrollar todos los seres humanos. Siempre he dicho en son de broma que esto es una cuestión biológica y fisiológica: si tienes dos orejas y una boca, eso significa que debes escuchar el doble de lo que hablas. De igual modo, tienes que entender que **cuando hablas, estás repitiendo algo que ya sabes; cuando escuchas, es posible que tengas la oportunidad de aprender algo nuevo.**

2. **¡Comunícate claramente!** A estas alturas de tu vida, ya debes saber que la comunicación es clave

para el desarrollo de relaciones positivas. Esto aplica a tu rol como pareja, como madre o padre, o como profesional y amigo. Claro, no olvides que jamás podrás ser un comunicador efectivo si no practicas la escucha activa.

3. **¡Sé empático!** En la medida en que desarrolles tu capacidad de, no solo entender por lo que está pasando la otra persona, sino de ponerte en los zapatos de esa persona y sufrir lo que esa persona está sufriendo, serás mucho más efectivo en tu gestión de desarrollar relaciones positivas. La empatía te permite ser una persona más comprensiva y conectar más fácilmente con otros seres humanos.

4. **¡No juzgues!** De la misma manera que no te gusta que te pongan bajo la lupa y te juzguen en todo lo que haces, no debes hacerlo con otras personas. Después de todo, nunca sabemos la historia completa que hay detrás de ella ni los factores que la hicieron ser o reaccionar de determinada manera, en un momento dado. Me imagino que tienes varios ejemplos en tu vida en que has reaccionado de una manera para luego decir algo así como «Perdón, es que yo no sabía que...». No juzgar evitará que te ocurra esto en el futuro. Al final del día, cada cual es como es y tú tienes en tus manos la decisión de relacionarte o no con esas personas.

5. **¡Reconoce los logros de otros!** Por más que lo neguemos, a todos nos agrada recibir el reconocimiento por nuestros logros, que suelen ser producto de mucho esfuerzo y sacrificio. En la medida en que eres una persona agradecida y satisfecha con lo que tienes (ver *Primer secreto*), no debes tener ningún problema celebrando las victorias de las personas que conoces y expresando tu reconocimiento y admiración por los logros de otros. Créeme que hacer esto te engrandece ante los ojos de los demás y te facilita la conexión que estás buscando.

6. **¡Sé auténtico!** Como discutimos en el *Cuarto secreto*, eres una persona única e irrepetible. No ha existido nunca nadie exactamente igual a ti y jamás existirá en el futuro alguien exactamente igual que tú. Por lo tanto, sé tú. Pocas cosas te harán más accesible y agradable que ser genuino. En el momento en que intentas ser quien no eres, las personas se darán cuenta y se distanciarán. El ser transparente no solo te permite conectar con personas tal y como eres, sino que te concede la libertad de simplemente «ser». Esto incluye demostrar vulnerabilidad cuando sea necesario y apropiado, porque, contrario a lo que la sociedad dicta, mostrar vulnerabilidad te acerca a otras personas

de una manera muy especial porque les confirma que, después de todo, los seres humanos sufrimos, padecemos y enfrentamos los mismos problemas.

7. **¡Encuentra personas con intereses similares!** Estas personas no van a caer del cielo, pero existe una tendencia natural a acercarnos a aquellos que se parecen a nosotros y que comparten nuestros mismos principios, valores y sueños. Busca estas personas y rodéate de ellas, siempre y cuando una de las cosas que tengan en común contigo es su deseo de ser felices y tener relaciones saludables. Estas personas las encontrarás entre los padres y madres de la escuela de tus hijos, en tu lugar de trabajo, en tu vecindario y en cualquier tipo de organización que tenga un fin social o de índole religioso o espiritual.

Mientras te concentras en cultivar relaciones saludables y duraderas, debes prestar atención a las que se conocen como personas tóxicas que, de seguro, no escasean en tu vida. Esto es importante porque si no las identificas a tiempo, les estarás otorgando una autorización tácita para inmiscuirse en tu vida y tus asuntos y tendrán el efecto de ir neutralizando tus esfuerzos de desarrollar relaciones saludables. Por lo tanto, no lo puedes permitir porque estarías saboteando tu propio esfuerzo. En una simple tabla representativa, se vería como algo así:

Saludables	Tóxicos	Balance Neto
☺☺☺☺☺ ☺☺☺	☺☺☺	☺☺☺☺☺

La tabla representa el mejor de los casos porque supone que se trata de una progresión estrictamente lineal, lo cual no necesariamente es correcto. ¿Por qué? Porque el efecto que esas personas tóxicas pueden tener en ti y en tu grupo de personas positivas puede ser multiplicador y devastador. Las tóxicas, por pocas que sean, pueden provocar que las personas con quienes cultivas relaciones saludables, se alejen de ti paulatinamente. Si no las detectas y actúas a tiempo, te quedarás solo con las tóxicas y tus posibilidades de ser feliz quedarán disminuidas considerablemente.

La pregunta que debes estarte haciendo ahora mismo es: ¿qué exactamente es una persona tóxica? Tu pregunta es muy válida porque, aunque tenemos una idea general de lo que debe ser la respuesta, a veces somos incapaces de identificarlas porque pueden ser maestras en el arte del camuflaje.

La definición de lo que es una persona tóxica puede ser complicada porque hay muchas maneras de serlo. Por eso, de modo general, te presento una descripción sin pretender que sea una absoluta, definitoria o universal.

Las personas tóxicas son aquellas que tienen un impacto perjudicial en tu vida. Usualmente, no aportan nada positivo, pero sí son expertas criticando de una manera no constructiva. Suelen ser manipuladoras, egoístas y controladoras. Otras son arrogantes, prepotentes, maltratantes, cínicas y sarcásticas en su manera de comunicarse y actuar. De igual manera, suelen ser inconformes y envidiosas, lo cual las lleva a intentar sacar provecho de los demás cada vez que ven una oportunidad. Lo que debes tener claro es que el efecto acumulativo de este tipo de conductas y actitudes es nocivo para tu salud mental y emocional. Son personas que te atrasan y obstaculizan tu progreso porque quieren que te quedes con ellas en lo bajo; quieren que las acompañes en su vida fracasada. Lo peor es que si no las remueves de tu entorno, contaminarán tu vida con su negativismo y te absorberán toda la energía. Es por eso que las personas tóxicas son también conocidas como «vampiros emocionales». Literalmente, te chupan la energía, el positivismo y las ganas de progresar en la vida.

Manejarlas puede representar un gran reto. Por eso, te dejo aquí varias ideas para que puedas neutralizarlas efectivamente.

1. **¡Positivízate!** Yo no sé si esta palabra existe, pero me encanta para explicarte lo que quiero. Inunda tu entorno con personas positivas. Esas personas son las que tendrán un efecto positivo en tu vida y te rodearán de la energía correcta para mantenerte en un estado mental saludable y óptimo, a prueba de toxicidad. Combina eso con mantener tu mente positiva mientras te enfocas en las cosas buenas que tienes en la vida y estarás construyendo la base para tu «muralla protectora antitóxicas».

2. **¡Identifícalas!** Es muy importante que, utilizando estas estrategias, puedas reconocer la toxicidad en las personas. Esa toxicidad no solamente podrás identificarla con sus actuaciones, sino también con su lenguaje no verbal y sus actitudes. Debes aceptar que, con toda seguridad, no puedas cambiar a esa persona, pero sí puedes controlar la manera en que reaccionas ante su comportamiento y sus actitudes y, sobre todo, la frecuencia (si alguna) con la que tendrás contacto con ella en el futuro. Nunca descartes la posibilidad de que

quizás necesites extirparla radicalmente de tu vida y adoptar una política de «contacto cero».

3. **¡Tira la raya!** Esta es una forma muy efectiva de manejar las personas tóxicas porque está en tus manos establecer los límites de la relación (si alguna) que quieres mantener con estas. Una gran manera de comenzar a «tirar la raya» es aprender a decir «no» cuando sea necesario. Esto evitará que los vampiros emocionales chupen tu tiempo y tu energía, de la misma manera que no permitirás sus intentos de manipularte y abusar de tu relación con ellos.

4. **¡Activa tu verja invisible!** Un componente muy importante de tu «muralla protectora antitóxicas» es aprender a mantener la distancia entre tú y estas personas. De hecho, no se me ocurre una mejor manera de evitarlas que manteniendo la distancia. Entiende que no tienes la obligación de pasar tiempo con ellas, responder sus mensajes, hacerles más favores, ni contestar sus llamadas. Cómo y cuándo haces eso –si lo vas a hacer– lo decides tú.

5. **¡Entiéndelas desde la distancia!** Muchas veces, la explicación para la conducta y las actitudes tóxicas de las personas que conoces suele ser el producto de experiencias pasadas y no atendidas. Por ejemplo, una persona maltratante y abusadora,

probablemente, fue víctima de maltrato y abuso en su niñez o en su adolescencia. Es por eso que debes mostrar empatía hacia estas personas, pero sin caer en la trampa de sus seducciones. Quizás esto te permitirá, si así lo deseas, ayudarlas a sentirse entendidas.

Por supuesto, estas no son las únicas estrategias posibles. Tampoco son de aplicación «universal». Te invito a que crees tu propio perímetro de protección para que te protejas adecuada y efectivamente de las personas tóxicas, de manera que puedas continuar viviendo una vida feliz.

Déjame ayudarte a lograr esto.

Haz una lista de personas que consideras tóxicas, que todavía están presentes en tu vida.

....

....

....

....

....

....

....

....

....

....

....

Escribe las razones por las cuales las consideras tóxicas (esto es individual).

....

....

....

....

....

....

....

....

....

....

....

....

....

....

....

....

....

....

....

Analiza el efecto que han tenido en tu vida y cómo te sentirías si no estuvieran. Si piensas que el efecto será liberador y sanador, procede a alejarte de ellas. A veces el proceso será paulatino y a veces será de golpe, dependiendo del nivel de toxicidad de la persona.

Haz una lista de personas positivas que añaden valor a tu vida impactándola positivamente.

¿Cuánto te relacionas con ellas?, ¿con qué frecuencia? Contesta estas preguntas y, si lo entiendes prudente, delinea un plan de acción para provocar más interacción con ellas. Te aseguro que tu energía cambiará para bien.

Cuando Juliana terminó de leer, Adriana exclamó:

—Acabo de darme cuenta de una manera clara de identificar una persona tóxica. No puedo creer que no me había dado cuenta antes. Ahora entiendo por qué me siento mal y hasta cansada cuando salgo de una conversación con dos o tres de mis amigas chismosas. ¡Es que me cargan, mami! ¡Me ponen mal!

—¿Y qué piensas hacer Adri? –preguntó Fabián.

—Pues alejarme inmediatamente de esas tres. Las quiero mucho, pero de verdad que me chupan la alegría. Estoy segura de que, si evito esas conversaciones, voy a andar de lo más contentita por ahí.

—¡Estamos claros! –sentenció Juliana con firmeza–. Este escrito de Papabuelo nos da la base para vivir una vida feliz. Ahora está en nuestras manos encaminarnos en esa dirección, con un propósito claro y definido: ser felices. Llegar a eso está en las manos de cada cual porque nadie puede hacerlo por el otro. Recuerden: ¡NADIE PUEDE SER FELIZ POR TI!

LA FELICIDAD
ES UNA PUERTA
QUE SE ABRE
DESDE ADENTRO.

EL OCTAVO SECRETO

Sí, ya sé lo que estás pensando. Papabuelo te dijo que eran siete secretos y ahora resulta que hay un octavo. ¡Así era él y así soy yo! ¡Jaaaaaa! Siempre impredecibles.

En realidad, debo confesarte que, después de tratar de condensar en siete secretos la fórmula de Papabuelo para ser feliz, me percaté de que, al final, ninguno va a funcionar si no descubres el octavo. Será inútil todo lo que has leído y toda la práctica que hiciste si no entiendes que TODO gira en torno al octavo secreto. ¡Sígueme para que me entiendas!

Primero, debes saber que no existe una fórmula mágica para ser feliz que funcione, de manera universal, para todo el mundo. Ello se debe principalmente a que no necesariamente lo que te hace feliz o te provoca momentos de alegría a ti, me hace feliz a mí. Por eso existen tantas definiciones de lo que es felicidad.

Al terminar de leer este libro, puedes pensar que hay otros «secretos» para asegurar una vida feliz que no fueron incluidos aquí, y tendrás razón. Soy consciente de que los secretos de Papabuelo no son los únicos, pero son los que él escogió. Existen otros como practicar el desapego, cuidar la salud física, ser optimista y llevar a cabo actos de generosidad al azar o, como dirían en Castilla la Vieja, «random acts of kindness», que muy bien podrían ser parte de este libro. Sin embargo, Papabuelo decidió escoger los siete que ya leíste. En confianza, puedes añadir otros y hacerlos parte de tu fórmula personal. Te confieso que, para mí, dejar el pedacito de planeta en el que me tocó vivir mejor de lo que estaba cuando llegué a él, es el corazón de mi proyecto de vida; es el legado que quiero dejarle a mis hijos y a mi país. Es por eso que las palabras sabias de Maya Angelou siempre las llevo conmigo: «Las personas olvidarán lo que dijiste y olvidarán lo que hiciste, pero nunca olvidarán cómo les hiciste sentir».

En nuestra sociedad, lamentablemente, para la mayoría de nosotros resulta complicado demostrar transparencia y vulnerabilidad. Ambos actos se consideran, en muchas ocasiones, como señales de debilidad o de inseguridad, lo cual acarrea el desarrollo de una reputación negativa en cuanto a nuestro carácter y capacidad de liderazgo. Por tal razón, trágicamente combinado con la cultura machista latinoamericana, para muchos resulta impensable demostrar su lado empático y vulnerable, cualidades que son esenciales para ser un líder exitoso en el siglo XXI.

Debido a ello, entre otras razones, muchas personas que podrían beneficiarse de un proceso de «coaching», se resisten a esa posibilidad. He visto esto ocurrir con frecuencia en supervisores y ejecutivos de muchas compañías locales y multinacionales. La visión que suelen tener sobre el «coaching» es una muy negativa, de carácter punitivo. Ante el desconocimiento de lo que representa este proceso, cuando una empresa le notifica a un empleado que le han asignado un «coach», o que pretenden contratarlo, con gran frecuencia la primera pregunta que viene a su mente es ¿por qué?, ¿qué hice mal?, ¿me quieren despedir?

Resulta irónico que ello sea así porque, usualmente, la razón para la asignación de un «coach» es totalmente opuesta a lo que piensa la persona. Se trata de un apoyo adicional que le está brindando la empresa para ayudarlo a que brille, encontrando su propio camino. Si bien es cierto que un «coach» puede ser contratado para darle una última oportunidad de superar sus deficiencias, antes de tomar una decisión adversa en cuanto a su permanencia en el empleo, la realidad es que, aunque su pobre desempeño sea la razón para contratación del «coach», al final del día hay que verlo como lo que es: una genuina oportunidad de desarrollo.

Sospecho que esta percepción errónea de lo que es «coaching» proviene de quienes siguen algún deporte en el cual al dirigente se le llama «coach». Ese «coach» da instrucciones, diseña jugadas e instruye a cada jugador qué es lo que tiene que hacer, cómo lo tiene que hacer y en qué momento. Ese «coach» es absolutamente directivo y los jugadores están obligados a ejecutar según el «coach» disponga. No hay mucho espacio para improvisar ni para crear fuera del esquema ideado por ese «coach». Ante esa realidad, muchas personas piensan que un «coach» de vida, un «coach» ejecutivo o un «coach» de felicidad tienen la misión de darles consejos y, quizás, instrucciones claras sobre cómo proceder ante determinada situación. Sin embargo, esto es muy distinto a lo que hace un «coach» debidamente certificado.

El proceso de «coaching» es uno hermoso y de mucha profundidad a través del cual un profesional preparado te acompaña en tu camino para que llegues desde el lugar donde estás (conocido como el estado actual), hasta el lugar a donde quieres llegar (el estado deseado). Un «coach» no es un mentor, un consultor, un consejero, un psicólogo o un terapista. El «coaching» es un proceso distinto; es un proceso flexible y creativo de autodescubrimiento que se ancla en tus fortalezas desde el «aquí» y el «ahora». El propósito, en palabras bien sencillas, es facilitar tu aprendizaje y autodescubrimiento, pero dándote todo el espacio que necesitas para que seas tú quien escojas tu camino y el curso de acción para lograr tus objetivos. Se trata de una conversación a través de preguntas poderosas, mediante las cuales el «coach» provoca la determinación del «coachee», enfocado en el cómo y no en el porqué. Al final del día, ese es el motivo principal del «coach»: ser un provocador.

Sin embargo, nada de lo anterior es el octavo secreto. Recordarás que, muy temprano en este libro, mencioné un estudio científico que concluye que entre los factores que intervienen en tu capacidad de ser feliz, el 50% es tu genética, el 10% son tus «circunstancias» y el 40% depende de tus actos intencionales. Resulta que, sin percatarte, tenías el octavo secreto de frente, algo camuflado, pero estaba frente a ti desde las primeras páginas. Permíteme explicarte. Tu felicidad no va a depender exclusivamente de las cosas que te ocurren en la vida, eso incluye las que consideras «malas», pero también las «buenas». Lo que va a determinar tu nivel de felicidad es la manera en que decidas reaccionar a los diferentes eventos y circunstancias que se te presentarán en la vida: la forma en que asimiles las circunstancias que te rodean y, más que todo, las acciones que tomarás para enfrentar dichas eventualidades. **Recuerda que el problema no es el problema: se trata de cómo reaccionas a ese llamado problema.** Te corresponde a ti decidir el color de las gafas con las que vas a mirar tu entorno.

Es por eso que el octavo secreto requiere que reconozcas a la única persona que puede cambiarte y hacerte feliz. Esa persona es quien te conoce (o debería conocerte) mejor que nadie; es la que te puede observar desde el espejo con una mirada acusadora, sin que puedas defenderte; es la que conoce tus defectos, tus virtudes y tus más íntimos secretos: esa persona eres TÚ.

Te invito, o más bien, te reto, a que te conviertas en el presidente de la junta de directores del proyecto más importante de tu vida. Se llama TÚ, Inc. Identifica tus valores y, anclándote en tus fortalezas, alcanza el alto nivel de excelencia del que eres capaz. No te conformes con ser parte del promedio, porque es ahí donde te quieren los mediocres y los envidiosos. No te conformes con ser meramente ordinario; sal de tu zona de confort y conviértete en un ser extraordinario. Te reto a que explores y explotes tu potencial, de modo que seas el mejor TÚ que puedas ser. Solo de esa manera podrás declararle al mundo que eres una persona FELIZ.

Entiéndelo:

EL OCTAVO SECRETO
ERES TÚ.

SOBRE EL AUTOR

Yldefonso López Morales es el autor de la novela *Un día menos*, un *bestseller* en Amazon en el año 2019. Es un optimista compulsivo con los pies firmemente sobre la tierra que se describe como un hombre «escandalosamente» feliz. Está obsesionado con ayudar a todos los que le rodean a identificar sus fortalezas, explotar su máximo potencial y vivir una vida plena y feliz.

Es un destacado abogado laboral y conferenciante internacional certificado por The John Maxwell Group. Además, es «coach» certificado por la International Coaching Federation (ICF) y «happiness coach» certificado por Happittude, organización con base en Mumbai, India, donde también fue certificado como «workplace happiness specialist». Es columnista en temas de motivación y liderazgo y el creador de #vengovirao, movimiento dirigido a promover una visión positiva sobre el futuro de su natal Puerto Rico y a fomentar la autoestima de los puertorriqueños. Ha sido conferenciante invitado para empresas locales e internacionales, así como compañías Fortune 500 y prestigiosas organizaciones profesionales, tanto en Puerto Rico como en Panamá y la República Dominicana.

Durante más de una década, la prestigiosa publicación británica *Chambers & Partners* lo ha distinguido consistentemente como uno de los abogados laborales más destacados de Puerto Rico, siendo el único clasificado en la más alta categoría «Eminent Practitioner», en el año 2023.

BIBLIOGRAFÍA

Arjona, R. (2012), *Fuiste tú*, letra y música Ricardo Arjona

Baraz, J.; Alexander, S. (2012). *Awakening Joy*. Parallax Press, USA

Chopra, D. (1994). *Las siete leyes espirituales del éxito*. Amber-Allen Publishing y New World Library, CA, USA

Cury, A. (2003). *Diez secretos para ser feliz*. Editorial EDAF, S.A., Madrid, España

De Jesús, A., *Brilla* (2017), San Juan, Puerto Rico

De Saint-Exupéry, A. (1981) *El Principito*. Editorial Andrés Bello, Santiago, Chile

Diener, E.; Suh, E. (200 3). *Culture and Subjective Well-being*. MIT Press, MA, USA

Gaucher, R. (2023). *The Book of Happiness 2023*. Columbia, SC, USA

Habif, D. (2020). *Inquebrantables*. HarperCollins, México

Hay, L. (2016). *El poder del espejo*. Ediciones Urano, S.A.U., España

Lama, D.; Tutu, D.; Abrams, D. (2016). *The Book of Joy.* Penguin Random House, USA

López, Y. (2019). *Un día menos.* San Juan, Puerto Rico

Lyubomirsky, S. (2008). *La ciencia de la felicidad.* Ediciones Urano, S.A., Madrid, España

Machado, A. (1912), *Cantares*, Proverbios y Cantares, Campos de Castilla, España

Mama, C. (2019). *Forgiveness Redefined.* Tracey McDonald Publishers, Sur África

Smith, D. (2021). *100 Inspirational Quotes by Maya Angelou,* USA

Tolle, E. (2004). *The Power of Now.* New World Library, USA

Ware, B. (2019) *The Top Five Regrets of the Dying: A life transformed by the dearly departing.* Hay House. USA

Reportes y estudios:

Harvard Study on Adult Development (1938), On-going study from Harvard University, MA, USA (adultdevelopmentstudy.org)

World Happiness Report 2023, Sustainable Development Solutions Network powered by Gallup World Poll Data, Center for Sustainable Development, Columbia University, NY, USA

Vídeos y artículos digitales:

Gómez, P. (2017), *El anticipador de desgracias*, Periódico El País, España, 13 de septiembre de 2017. Capturado de: https://www.elpais.com.co/opinion/columnistas/pao-la-gomez/el-anticipador-de-desgracias.html

Mama, C. (2020). *How forgiveness saved my life*, TED Talks, 4 de agosto de 2020 (vídeo)

Made in the USA
Middletown, DE
26 October 2023

41429410R00113